RAISING GIRLS

第 3 版

养育女孩

[澳] 史蒂夫·比达尔夫 著　钟　煜 译

中信出版集团 | 北京

图书在版编目（CIP）数据

养育女孩：官方升级版 /（澳）史蒂夫·比达尔夫
著；钟煜译. -- 3 版. -- 北京：中信出版社，2024.
9（2024.11重印）. -- ISBN 978-7-5217-6710-0
Ⅰ. G78
中国国家版本馆 CIP 数据核字第2024G2P182号

Originally published in the English language by HaperCollins Publishers Ltd. Under the title Raising Girls © Steve Biddulph 2013.
Translation © China CITIC Press 2024 translated under licence from HarperCollins Publishers Ltd.
ALL RIGHTS RESERVED
本书仅限中国大陆地区发行销售

养育女孩（官方升级版）
（第3版）

著　　者：[澳]史蒂夫·比达尔夫
译　　者：钟煜
出版发行：中信出版集团股份有限公司
　　　　　（北京市朝阳区东三环北路 27 号嘉铭中心　邮编 100020）
承　印　者：北京盛通印刷股份有限公司

开　　本：889mm×1194mm　1/16　　印　　张：17.625　　字　　数：260 千字
版　　次：2024 年 9 月第 3 版　　　　印　　次：2024 年 11 月第 2 次印刷
京权图字：01-2013-5503
书　　号：ISBN 978-7-5217-6710-0
定　　价：45.00 元

版权所有·侵权必究
如有印刷、装订问题，本公司负责调换。
服务热线：400-600-8099
投稿邮箱：author@citicpub.com

本套书所受到的赞誉

《养育男孩》和《养育女孩》是一套陪伴每个父母的孩子成长说明书。我们的养育困惑，孩子的棘手问题，更有性别差异带来的个性问题，都有落地实操的建议方法。而且更加关键的是，这次的升级版还新增了不少因为性别可能带来的社会问题，提供了更加全面的育儿视角，让我们不仅可以解决当下难题，还能抬头看路，提前扫清前进道路上的雷。

——大J（"大J小D"创始人，畅销书作家）

这套享誉全球的育儿宝典，我一直非常推荐，并且专门为它录制了视频课程，播放量已累计超过4000万次。此次再版，作者史蒂夫针对当下的社会环境和育儿现状，增加了万字内容。期待它继续为家庭教育带来更多的信心和助力！

——樊登（帆书APP创始人、首席内容官）

作为两个男孩和一个女孩的母亲，我深知养育不同的孩子需要父母极大的成熟度和灵活性。这套经久不衰的养育宝典为父母们提供了很棒的指南——它如灯塔般，让我们在迎接新生命的初期就知道大方向在哪里，从而不会迷失。

——花生共和本花（育儿博主）

这本书帮助父母更好地理解女孩的内心世界，在她面对困惑和挑战时给她无条件的爱和支持。愿每个女孩都果敢、自信，拥有韧性和无限的生命力。

——葵妈老夏（育儿博主）

这套书一针见血地指出我们对男孩和女孩实际需求的误解，以及养育中有可能存在的种种陷阱。另外，作者对亲密关系和良好家庭模式的探讨，也值得所有爸妈思考和学习。

——李丹阳（年糕妈妈创始人）

读《养育男孩》《养育女孩》，你会发现男孩和女孩的内在特质和成长需求截然不同。它为我们揭示了不同性别孩子的成长路径和内在养育逻辑，让父母明白什么是最适合自己孩子的养育模式，该以何种方式给孩子以支持和帮助，如何与男孩或女孩建立紧密而稳固的情感联结。

——毛诗篇（此念文化创始人）

男孩和女孩在大脑构造、思维模式、社交形式，以及对问题的处理方式等方面大相径庭，首先得了解他们的身体、心理特点，知道他/她需要的是什么，育儿才能不迷茫。本书为我们揭示了性别养育的区别与科学依据，更难得的是，给出了非常多的方法、技巧，帮你走上智慧的养育之路！

——梅甜甜（长沙甜甜园长）

好的养育是基于对孩子的足够了解。《养育男孩》《养育女孩》这两本书，就是为我们开启解锁孩子成长密码的一把金钥匙。史蒂夫深刻探讨了养育孩子过程中，需要关注到的生理健康和心理健康，以及怎样打造美好的亲子关系，教会他们应对复杂多变的社会环境的方法。锁定养育重心和方向，你就成功了一大半。

——王金海（扶鹰教育创始人，亲子教育专家）

作为三胎宝妈，会发现男孩与女孩在生理和心理上的不同特点，使得他们在很多方面存有差异，我们需要提供截然不同的养育方式。这本书为我们揭示了性别养育的真相，包含非常多的育儿技巧，带大家走上科学的养育之路。

——王老师（育儿博主）

作为16岁男孩和8岁女孩的妈妈，这套书和我的养育理念非常契合。它为父母提供了一张详尽的生命航海地图，无论孩子处于什么阶段，你都能指引他开启未来的美妙航程。

——育儿女神蜜丝懂（育儿博主）

我很幸运可以翻译这本书，得以和作者一起了解一个女孩从小婴儿到成年的精彩跌宕的旅行。这本书，除了让我清楚完整地了解女孩的心智从出生到成年的发展，获得许多与之相关的切实可行的建议，还帮我在养育女儿的道路上注入了更多智慧和力量。

——钟煜（资深育儿媒体人）

《养育男孩》《养育女孩》是世界公认的育儿经典，是新手爸妈入门的基础育儿读物，也是我常看常新的床头书，能帮家长全面了解0~18岁孩子身体、心理成长的全过程，清晰地找到养育重点。

——周洲（著名主持人）

Raising Girls 目录

作者新序　如何养育今天的女孩——写给中国父母　/ VII

推荐序　当你离开，一个优秀的女人会继续生活　/ IX

作者序1　史蒂夫的一封信　/ XIII

作者序2　认识凯茜和吉纳维芙　/ XV

第1部分　女孩时期的五个阶段

第1章　绘制一张女孩成长地图　/ 003

第2章　从出生到2岁：初始岁月　/ 015

第3章　2～5岁：学习探索　/ 033

第4章　5～10岁：和他人相处　/ 054

第5章　10～14岁：思考与发现内心　/ 083

第6章　14～18岁：为成年做准备　/ 114

第2部分　危险与帮助：如何度过八大危险区

第7章　早熟与过早性感 / 129

第8章　坏女孩与同辈欺凌 / 144

第9章　体形、体重和食物 / 154

第10章　酒精和毒品 / 168

第11章　女孩的网络安全 / 176

第12章　社交媒体——在丛林中生存 / 186

第13章　善于伪装的女性孤独症患者 / 191

第14章　心理健康和成绩优异可以兼得吗？ / 194

第3部分　女孩和她们的父母

第15章　帮助她倾听自己，找到自己 / 203

第16章　我们为什么不应该对女孩大喊大叫？ / 208

第17章　女孩和妈妈 / 211

第18章　女孩和爸爸 / 222

凯茜怎么样了？ / 237

附言 / 241

注释 / 243

参与者和感谢 / 255

Raising Girls

作者新序

如何养育今天的女孩——写给中国父母

译/许佳

历史上还没有什么变化比今天女人和女孩的境况所发生的变化更大的了。

现在我们看到,一个女孩能做男孩能做的所有事情,也能从事男孩(或男人)能从事的所有职业。我们终于允许女孩们去发挥她们的全部潜能,为世界贡献她们独具的才华。

当你第一次把你的女孩捧在手里时,对于她的成长你肯定有很多梦想。她会成长为一个孩童、一个女学生、一个年轻的女士……你希望她快乐、自由。而这本书会带给你全世界最好的研究和知识,告诉你如何养育今天的女孩。

尤其重要的是,本书讲述了女孩成长要经历的 5 个阶段——它们都很简单,会告诉你在女孩的每个年龄段应该做什么。现在,全世界的女孩们仍面临不少切实的风险:不管在哪里,她们都更容易感到焦虑、失落,常常和朋友发生矛盾；当她们长大点了，会和男孩以及家人产生矛盾；她们还可能遭受虐待……

在西方，如我生活过的美国、英国和现在居住的澳大利亚，我们都发现，女孩们的世界正变得危机重重，我们必须找出原因，想办法予以解决。其中自然包括媒体和形象营销的泛滥、过分强调外貌的互联网和电视。我们需要重视起来，发现和肯定她们的性格和个人品质——忠诚、友善、智慧、个性、亲切、自信等。那些有主见和良好价值观的女孩绝不会轻易接受这样的观念：她们必须模仿别人，必须遵循众人之道。

只有在母亲和女孩关系亲密、友好相处时，这种自信才会产生，女孩会把大人当成榜样。不过我们也发现，如果父亲能多和女儿交谈、玩耍，花时间和她在一起，让她觉得自己特别、重要，将大大有助于培养女孩的自尊，提高她的适应能力。有一个悉心照顾自己的爸爸的女孩，必然会知道自己很重要，而无须去证明这一点。

女孩们需要时间去梦想，去发挥自己的创造力。在女孩的一生中，她们需要接触自然，需要很多年长女士的陪伴——向她们展示女人的成长之路。她们需要保护，避免过多地向别人展示自己及承受压力，避免总是在社交媒体上受到"审判"。

"如果你长得慢，你会长得更健康"，这是我们想要传达给父母们的最重要的信息之一。我们能阻止宣扬快速成长的商家给女孩们造成压力，我们能确保她们充分享受自由自在的童年时光并从中受益。

很多读过本书的中国父母告诉我，这本书深深地打动了他们，肯定了他们的价值观，也回应了他们所关切的主题，告诉了他们具体应该做什么来帮助他们的女孩成长为杰出的女士。

我衷心希望你会喜欢这本书，希望在养育女孩这条路上，它一直是你信任的真正的朋友。

史蒂夫·比达尔夫

推荐序

当你离开，一个优秀的女人会继续生活
文/钟煜

完全是因为女儿小游的关系，我才拼命将《养育女孩》这本书的翻译挤进了我已经不堪重负的时间表。

我曾经一直希望生个男孩，因为我实在是觉得自己没有能力养好一个女孩。怀孕的时候还有足够的时间胡思乱想，我写过这样的笔记：

好女孩什么样？

好女孩应该温柔、灵巧、聪明、坚韧。

好女孩应该能做一手好菜，能自己给自己盘精致的发髻，最好还会一些针线活儿；好女孩应该有好听的声音、好看的手；好女孩应该爱读书但是不呆板，知礼仪但是不拘束，明事理但是不炫耀；好女孩应该不太计较得失，但是懂得进退。

不是说父母是孩子的第一任老师吗？如果小游是个女孩，她会从我这里学到什么？

我童年的大多数时间跟父亲长大。从小到大，我的朋友里男孩居多，我似乎也因此更擅长跟男孩子打交道。当老师的时候，班里清一色的男生从来没令我特别为难，倒是隔壁班的女孩子一掉眼泪，我就慌了手脚。

我至今没学会得心应手地使用刀叉吃饭（其实，昨晚刚因为拙劣地使用筷子被老妈嘲笑）。所以在正式场合，我保持优雅的方法就是让自己饿着。从来没有人教过我怎么给自己编小辫，所以我的头发在多数时间里没有长过耳朵。我补袜子的手艺甚至还不如我老公，这曾令他摇头长叹，怎会一时糊涂，娶妻如此……

所以，如果小游是个女孩，我该怎么办？

如今，在养育女儿这条路上，我已经走了四年半。

我居然从不曾慌乱。

从在产床上将这个小小的生命搂入怀中那刻起，我就自然地进入了"一个女孩的妈妈"的角色。一部分原因是小游非常像我。

我常常在小游的眼睛里看到小时候的自己——她内向、慢热、敏感，对安全感有极大的需求；她外表安静，内心却热情活泼；她有柔顺的眉眼，却始终竖着一根倔强的刺。

所以很多时候，只要跟随妈妈本能的爱和关注，只要叩问自己的内心，回想藏在30多年时光尘烟之后的那个小女孩想要什么，我就能恰当地满足女儿的需求。所以，当翻译这本书的前半部分时，看到婴儿期对安全感与爱的需求，看到亲子连接和安抚的重要，我常忍不住激动地应和："对！就是这样的。"如果可以，真想给作者一个大大的拥抱，谢谢他终于让我模糊的认识有了科学的解释。

但我也常常感到困惑。

虽然早已经放弃我的个人审美，习惯了时时为小游寻觅各种粉红色的物品、蕾丝花边、亮片小纱裙和公主鞋，虽然已经能够比较熟练地为她编一头小辫儿，但我还是会给她买工程车套装做生日礼物，而把朋友送的芭比娃娃悄悄藏起来。

我骨子里不喜欢女孩的"娇"与"弱"，小游太多的眼泪很容易让我烦躁。

我希望她坚定、独立、有力量，却又本能地想保护她远离一切伤害。

到底作为一个女孩，她什么时候应该强大，什么时候可以示弱？她应该学会保护自己，还是理应得到更多保护？她应该甜美娇俏，还是活泼能干？而作为一个女孩的妈妈，我什么时候应该拉她起来，什么时候需要推她一把？我的方式和态度到底是太温柔，还是太严厉？

我的困惑还不止这些。

在梳完小辫子，解释完为什么要上幼儿园，挑完裙子，搭过积木，画完画，讲完故事，吃过蔬菜，回答完一千万个为什么……在纷乱的一天的某个安静空隙，会有一个念头突然出现在我脑海里：小游的未来会是什么样？

她会一直这样慢热、羞涩，在人群里习惯性地后退吗？这样，她会快乐吗？

她会一直这样敏感吗？这样是好还是不好？

当她的生活圈子一直在不可阻挡地逐渐扩大，她会交到好朋友吗？

当我有一天无力再将她揽入怀中，她能够保护好自己吗？

她到底会成长为一个怎样的女子？或者，我希望她成为一个怎样的女子？

所以，必须说，我很幸运可以翻译这本书，得以和作者一起先了解一个女孩从小婴儿到成年的精彩跌宕的旅行。在这段旅行中，有些段落已经发生或者正在进行，比如婴儿期的亲子连接，比如幼儿期的探索和发现。有些话题刚刚开始，比如人际交往，比如勇气和内心力量。还有些事情，是我尚未料想到，但也许有一天终将面对的，比如减肥、酒精、性以及混乱却无处不在的网络世界。

我同意作者的观点：女孩的生存空间正在变得更加复杂而且危机重重，她们的现在和将来注定比我们的更丰富也更艰难。所以我赞同作者的目标：要培养一个内心强大的女孩。

在这本书里，可以清楚完整地了解女孩的心智从出生到成年的发展，并且获得许多与之相关的切实可行的建议。我自己受益更多的是书中对"了解内心""寻找自我""发现灵魂"这样一些更大也更艰难的题目的探讨。这些内容我之前从未在一本育儿书中读到,却帮我在养育女儿的道路上注入了更多智慧和力量。

最后,在你打开这本书之前,我很想邀请你和我一起加入书中的一个"游戏"——窥探一下你的女儿将成为什么样的女人。

倚着你的椅子或者枕头,开始这段旅行吧。

你住在绿荫覆盖的街道上的一所宁静的房子里。已经是夜晚了,但夏日白天的阳光还残留着它的温暖。你上了年纪,但依旧强壮,状态很好。你从窗户望出去,看到马路上一辆车正在停车。这是一辆电动车,没什么噪声,车型别致又时髦。

一位年轻女子从车上下来,仔细一看,你发现她正是你已经长大的女儿。她看起来什么样?她穿着什么衣服?

她身边有伴侣吗?有孩子吗?你出门去迎她。你能看到她是什么样的人吗?她的声音听起来如何?她有多高?她是否结实健康?她的时间和智慧用来做什么事?让你的想象来填充这些细节。

你将她领进门,你们坐下来交谈。她跟你说了什么?你的感受如何?

我最最喜爱的,是作者对这段想象的期待:

你能看到你给她的童年与如今她拥有的力量和品质之间的关联。你感到骄傲并且非常满意。当你离开,一个优秀的女人会继续生活,她还将把你教她的一切传给她的后代。

嗯,这也是我对我女儿未来的期待。

Raising
Girls

作者序1

史蒂夫的一封信

亲爱的读者：

在你们开始读这本书之前，我想先跟你们聊聊我自己。这样你们会知道是一个怎样的人写下了这些文字。大家都觉得我一定有好几个儿子，因为这些年来我一直在写关于男孩的书，并且在做这方面的宣传。的确，我的第一个孩子是男孩（现在已经长成男子汉了）。朋友们问我接下来想要男孩还是女孩，我说无所谓。我真的无所谓。但是当我们的女儿出生时——那是一次紧急剖宫产，我在手术室门口竭力不让自己昏倒——我还是被喜悦淹没了。我都不相信自己会那么开心，那种心情到现在我还能感觉到。

促使我写关于男孩的书的原因只有一个——男孩们身处危险地带，而我的工作是希望能帮助到那些最需要帮助的人。早些年女孩们还没遇到什么麻烦，但从五年前开始，情况有所不同了。我们开始发现女孩的心理健康状态突然出现巨大的变动。过去很罕见的进食障碍、自我损伤等情况现在到处可见。除了这些极端状况外，普通女孩承受的压力和出现抑郁的情况也是前所未有的。

女孩们并非生来就憎恶自己的身体,并非生来就讨厌自己的生活。某些事情毒害了女孩子的心灵。这种情况通常出现在她们十几岁的时候,但也在不知不觉间威胁着年幼的女孩。

为了应对这种情况,世界各地的女性权益工作者、治疗师和研究者发起了一场鼓励社区和父母关注女孩的运动。这些人中很多是我的朋友,我们都发现要将女孩们的生活重新带回正轨,需要一本简单又方便父母阅读的书。于是就有了你们现在捧在手里的这本书。

养育强大的女孩需要从很早开始努力。我们要给她们正确的爱,同时要对抗那些可能将她们拉入低谷的力量。这个世界现在似乎已经丧失了对女孩的正确的态度,只将她们看成是挣钱的工具,因此需要我们来做出正确的判断。当然,很多观点也不是今天才有的。无论过去还是未来,女孩都应该强大。

女孩的成长是一次求索之旅,只有在途中积累智慧,才能成长为女人。我们就是女儿在这次旅行中的向导。要承担起这个工作,我们需要清晰的地图、好的榜样以及清醒敏锐的双眼。

也许你的女儿还只是个婴儿,也许她已经进入青春期。无论她处于什么阶段,我都希望这本书能给你力量,让你有足够的热情为了你的女儿和其他女孩将这个世界变成一个更好的地方。希望这本书能帮助你将你感受到的所有的爱,都赋予你的女儿。

你真诚的史蒂夫·比达尔夫

Raising Girls
作者序2

认识凯茜和吉纳维芙

我想给你们介绍两个女孩,她们的名字叫凯茜和吉纳维芙。她们都17岁,在学校上十二年级。她们都很棒,聪明友好,你会很愿意跟她们交谈。

她们在幼儿园时就互相认识。整个小学阶段,她们是最要好的朋友。大家都觉得她们会一直这样要好。但在凯茜和吉纳维芙升到中学之后,她们的关系就破裂了。很难说清楚她们交恶的理由,我想就连她们自己也没搞明白。如今,当这对曾经的好朋友在学校的走廊里擦肩而过,都会为现在的关系觉得尴尬。

凯茜和吉纳维芙走上了两条完全不同的道路。我要把她们的故事讲给你听,因为这个故事清楚地呈现了在当今的社会背景下,女孩成长期所包含的希望和危险。

凯茜的故事

先来认识凯茜。凯茜给人的第一印象是个非常成熟的17岁女孩。她化着精致的妆,衣着非常时髦,说话快而清晰。她表现出来的自信对于一个十多岁的女孩来说似乎很真实。但是如果你对年轻人了解得多一些,就会觉得凯茜好像有点过于早熟。你还会留意到她的表达方式有点问题。她总是显得消极厌世，语带讥讽，又冷又硬。对于一个17岁的孩子来说，她似乎没能从生活中得到足够的乐趣。

在凯茜14岁那年，出了件大事。这事虽然没成为报纸头条，但已经极大地改变了她生活的方向。

九年级过半的时候，凯茜被邀请参加一个同学的生日聚会。那个同学的父母主办了聚会，但当晚却未能如他们承诺的那样对聚会提供足够的监管。40～50个不同年龄的孩子喝了很多酒，并且没有成年人在场，那晚的局面喧闹混乱并且失控。凯茜觉得非常激动，主要是因为塞伦也在。塞伦是她认识的一个男孩，17岁，比她高两个年级。在学校里，英俊迷人的塞伦是凯茜和她的朋友们迷恋的对象。那晚很特别，塞伦注意到了她，更棒的是，他来到她身边坐下，和她一起聊天喝酒。他们在花园里依偎着聊天，她都不敢相信自己居然如此幸运（她好不容易才控制住自己，没有掏出手机给朋友们发短信炫耀）。过了一会儿，塞伦站起来，拉着她的手，把她带到楼上的一间卧室。这所华丽的大房子里显然一个成年人都没有。他们在那里做爱了。

第一次的性经历比凯茜想象过的要快，而且很粗暴。尽管酒精让凯茜的大脑很不清醒，但她也意识到了自己遭遇的一切，从被塞伦关注的激动，到身体上的不舒服，被推搡、被侵犯、被侮辱。一切很快就结束了，塞伦匆匆给了她一个吻，就穿好衣服离开了房间。凯茜收拾好自己，走出房间回到聚会中，她内心充满不安，身体不停地颤抖。然后她看见塞伦和他的朋友们站在一起，大家都看着她，露出不怀好意的笑容。她立刻意识到，他正在给他们讲他的"征服故事"。泪水夺眶而出，她逃出那所房子，在花园里抽泣。

一个朋友试图安慰她，但她不肯说出发生了什么事。

那晚她回到家，内心充满冰冷的愤怒。她恨塞伦，然后，她开始憎恨所有的男孩。凯茜曾经是个活泼独立的女孩，她的父母工作繁忙，也要求她能自己照顾自己。她没有对任何人讲自己的经历。（事发三年后，她的父母才在一次家庭咨询中得知此事，感到无比悲伤和震惊。）与数百万后悔且憎恶自己第一次性经历的女孩一样，凯茜藏起伤口，继续生活。但是，她已经不是从前的那个女孩了。

这次经历让她拒绝男孩了吗？没有，她拒绝的是自己的"软弱"和被利用。她开始主动和男孩睡觉。她挑选男孩，她要做主。到17岁，当她终于开口跟心理咨询师谈话时，她已经跟7个不同的男孩发生过性关系。也许是8个。有一晚她喝多了，记不清了。

现在，凯茜上十二年级了，她的状态相对稳定，有一个固定的男朋友。但她并不太看重他，坦言说正打算"尽快把他甩了"。

通过研究（以及多数人对自己青春期的回忆）我们了解到，凯茜的经历并不少见。也许会有人争辩说，我们对青春期性关系的态度不要过于保守，应该放手让孩子们自己去犯错，然后从错误中学习。（这也是那些不愿意管教孩子，或者特别忙碌，无法管教孩子的家长最容易找到的托词。）但是，让我们继续听这个故事。

凯茜的日子在这个阶段，过得并不顺利。她的父母开始寻求帮助并不是因为她的性生活问题——这个方面他们几乎不了解，也似乎不愿意了解。令他们担心的是凯茜喝酒的问题已经失控（显然，她还不到可以喝酒的年纪），而且在她就读的那所昂贵的私立学校，凯茜的成绩一落千丈。十二年级刚上了一半，学校就已经开始注意到她可怜的分数和经常缺勤的状况。有人建议凯茜的父母为自己女儿的问题寻求帮助。当凯茜和父母一起去见咨询师时，她显得非常恼怒。但是半小时以后，在这位善解人意的听众面前，她开始倾诉自己的感情。

寻求帮助——不仅仅为凯茜，也为家里每个人——对这家人来说是个勇敢的举动，并且成了事态的转折点。在这本书的最后，我们还会再回到凯茜和她父母的故事，告诉你他们的改变。

重要且突然的改变

过去 10 年中，女孩的生活发生了巨大的改变，这种改变对从婴儿到青春期的各个年龄的女孩都有影响。在女孩成长为女人的旅程中，虽然我们的希望和梦想未曾改变，但这个世界已经强加给她们许多变化。尤其是：一切都在提前。

在了解当今女孩的状况时，我们必须牢记这一点。这个观点最早出现在汉密尔顿的《我们的女孩怎么了：揭开青春叛逆的真相》（*What's Happening to Our Girls?*）一书中。要了解我们的女儿，我们必须意识到她们的童年和我们的不一样。从女孩们承受的压力以及行为方式，根据周围环境和同龄人的认同对自己进行定位的做法，以及我们疏于对她们提供保护的程度来看，直白点说，我们的 18 岁相当于她们的 14 岁，我们的 14 岁相当于她们的 10 岁。对此，我们负有部分责任。我们——我指的是我们所有人，父母、亲属、朋友以及整个社会——没有像以往那样为女孩的童年提供支持。我们没有为自己的女儿投入足够的时间和关注，也未能给她们足够的教导。

在过去的 10 年间，这个贪婪的商业世界已经意识到从女孩，尤其是青春期之前的女孩身上是非常容易获利的。大大小小的公司都发现，利用（或者是制造）女孩们对于从皮肤到体重到友谊到衣服，到一切一切，甚至延伸到成年以后的焦虑，皆可获得巨大的利润。对女孩的争夺战硝烟四起，从董事会到广告公司，从杂志到其他各种媒体。商业已经赢得了这场战争。今天，年轻女孩环顾四周，在任何地方，她得到的信息都是她不够好。她的思维被禁锢在狭小的空间里，只关注自己应该如何打扮，如何思考和行动。女孩的生活从未像今天一样受到持续不断的攻击,这种攻击包括节食广告、酒的营销,还有时尚的压力以及女孩卧室里露骨的色情骚扰。

这一切造成的结果就是,童年本该有的平静的成长,在很多女孩那里被缩短了大约四年。她们在童年还未结束还没来得及完全享受的时候就被迫长大。这样的结果带给了女孩们巨大的痛苦和迷惑。她们希望像成年人一样行事,但却力不从心。最终我们看到大量的女孩涌向了心理治疗诊所、警察局和急救室,以及戒酒和戒毒项目。[1]

如果我们对现状有所觉察,那么,对女孩奉献爱,用关注和支持为女孩们创造环境,保护她们不受周围愚蠢贪婪的媒体信息的伤害,我们就能阻止事态的发展。有一句我很喜欢的话曾经给过我很多帮助:"我们不能阻止懊悔的鸟儿飞过我们生活的天空,但我们不必让它们在我们的头上筑巢。"我们得在这个世界生活,但我们不必吞下世界给我们的一切苦果。我们可以为自己、为我们的女儿选择那些可以让我们变得强大、快乐和生机勃勃的生活经历。吉纳维芙和她的父母就是这么做的。

吉纳维芙的故事

吉纳维芙和凯茜一样都是17岁,上十二年级。初次见面时,吉纳维芙会显得有点紧张和害羞,但当她和你认识了,就会很快放松下来。她的谈吐中充满让人关切的、有趣的故事,以及对各种事物的看法。她会瞬间从一个兴奋的孩子变成若有所思的小大人,这是将要成年的人的典型表现。她没有凯茜那样坚硬的外壳,或许,她并不需要。她有一个完全不同的故事。

吉纳维芙现在还没有男朋友。她希望有,但对此十分谨慎。她知道年轻的爱情并不容易,她也发现跟同龄的男孩并不那么谈得来,因此更期待上大学后能遇见更成熟、更容易交流的男孩。

吉纳维芙的朋友在学校不算是引人注目的,但却温和友善,更安静也更自然。他们互相照顾，对新来的或者是被遗忘在群体边缘的人，他们都很乐意接纳，并让对方感觉很舒服。因此，他们成为一个庞大而松散的群体，略微显得不那么时髦，但他们自己并不在意。

吉纳维芙在15岁的时候和一个男孩约会过。那对她来说是一段难以忘怀的经历。贾斯汀和她同龄，他们上学不久就认识了。他们经常在一起，长时间地散步，手拉手，有过很多情感的交流。在性方面，他比她更有经验。几个月之后，单独相处时他就开始催促她"再进一步"。他曾经跟别的女孩做过爱，特别希望跟吉纳维芙也能这么做。

吉纳维芙和妈妈很亲密，她们几乎无所不谈。实际上，妈妈常拿她和贾斯汀的关系跟她开玩笑。吉纳维芙跟妈妈谈了一个小时，关于他们之间发生了什么，他说了什么，他什么意思，她又是怎么回答的……大多数女孩只会跟朋友谈论这些细节，而吉纳维芙却习惯于向妈妈坦露自己的内心世界。因此，她的新问题很自然地成了她们最近主要的谈话内容。妈妈得以了解女儿在性方面承受的压力，并且可以给她帮助。

了不起的是，吉纳维芙的妈妈没有惊慌，也没有对女儿指指点点，并试图去掌控局面。她后来告诉我，因为这对"小情侣"都还不到可以发生性关系的法定年龄——也远不到合适的年龄——因此，如果必要，她打算对他们见面的地点和方式做一些限制。换句话说，她不会允许自己15岁的女儿陷入情感或者身体安全失控的局面。与此同时，她又谨慎地支持女儿想要跟一个男孩保持友谊的愿望。她会开车送女儿去跟贾斯汀看电影或者跟朋友见面，也会接贾斯汀到自己家来玩。

这位非常智慧的妈妈对女儿的困惑做了审慎而低调的处理。她没有第一时间就规定什么不能做，而是帮助吉纳维芙探寻自己的需要——她想要什么样的感受？她的身体在告诉她什么？她从长远来看希望事情如何发展？

妈妈安静轻松的方式给了吉纳维芙很大的空间来做出自己的回应。妈妈懂得如何专注又不施加压力地倾听，她全心的关注让吉纳维芙可以轻松地倾诉自己的想法和感受。

吉纳维芙的内心感受非常清晰。她很喜欢贾斯汀，喜欢和他在一起。但是，当他跟她在身体上过于亲密时，她就会有压迫感，觉得不安。她希望他们的关系能逐渐加深，但她想要慢慢来。妈妈听着，表示理解，并且给出了自己的回应："听起来你还没有准备好跟贾斯汀发生性关系。你还不希望你们的关系进入这个状态？"吉纳维芙的确是这么想的。但总是这样拒绝贾斯汀，她又担心不知道会发生什么。母女俩开始探讨如何让贾斯汀明白她的感受和希望。

之后几周，吉纳维芙和贾斯汀就这个话题发生了争论。对于她的期望，男孩也有自己的底线和要求。这简直就是一场意志力的较量。贾斯汀认识很多女孩，她们可能没有吉纳维芙那么独特和有趣，但她们愿意跟贾斯汀发生性关系。最后，贾斯汀跟她分手了。吉纳维芙虽然早就知道可能会有这样的结局，但还是非常难过。这个开朗、对人对事少有介怀的女孩用了很长时间来疗愈伤痛，但她最终恢复了。半年后，贾斯汀打电话来希望跟她复合，她温和但明确地拒绝了。她已经告别过去了。

关于现实

年轻时我喜欢旅行，深入偏远之地，从巴布亚新几内亚到印度加尔各答的贫民窟。旅行归来，我总是惊讶地发现这样一个事实——身处艰难环境中的人似乎更快乐。那些地方的生活虽然艰辛，但当地人总能想办法开怀大笑、相互温暖。而当我回到富饶之地，发现人人都过得很不开心。这些经历让我相信：我们生来就应该快乐，而非沮丧，尤其不应该在 15 岁的花样年华就经历压抑和悲伤。

女孩时期应该是充满乐趣的，有不同年纪的朋友，有爱的初体验，能学习新的技巧，发展新的能力。这个时期的故事应该是关于学习和成长，而不是磨难和伤害。

与此形成鲜明对照的，是现实的每况愈下。无数的父母在问：我们的女儿为什么会承受那么多压力？我们可以做些什么来帮助她们的生活重回正轨？你很快就会看到，我们能做的事有很多很多。

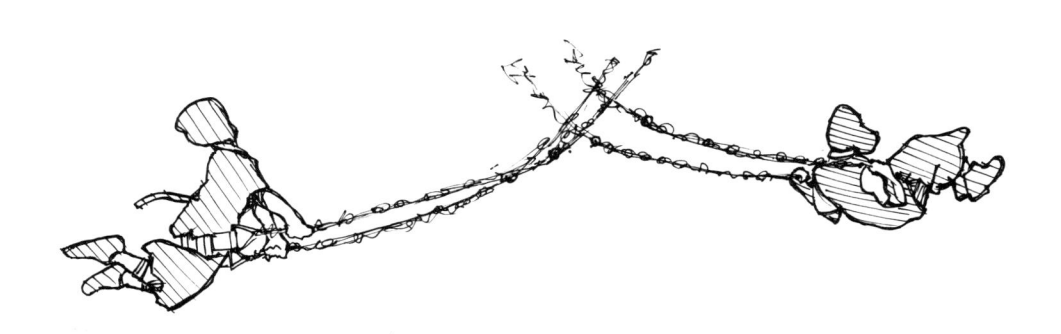

Raising Girls

第1部分

女孩时期的五个阶段

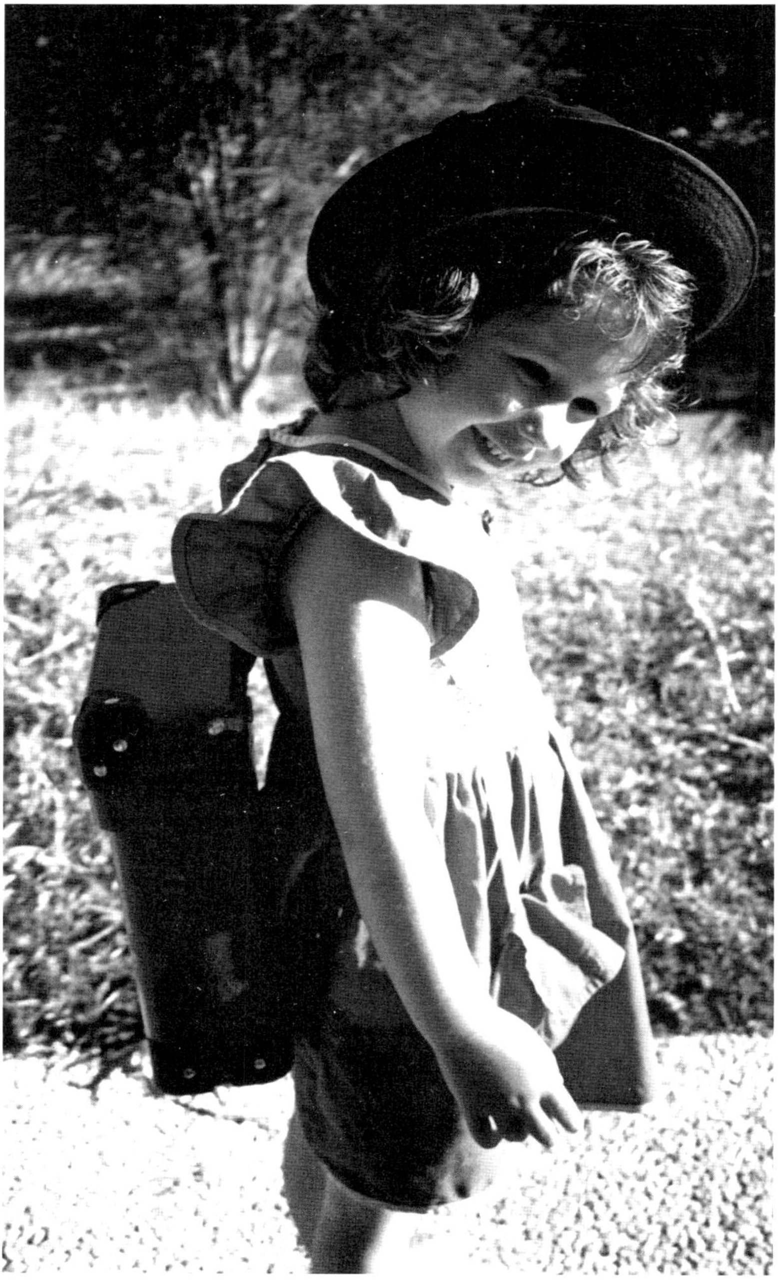

第1章 Raising Girls
绘制一张女孩成长地图

2岁的莫莉将一辆玩具唐卡车①高高举起，打算将它砸在朋友杰米马的头上。虽然只有2岁，她也知道这不是跟伙伴玩时该有的做法，因此她把目光转向妈妈，想预测一下这样做的后果。妈妈已经看到了这一切，迅速皱起眉头，递给女儿一个表情："你敢？！"所以，莫莉慢慢地将车放到地板上，去画画了。而一旁的杰米马依旧开开心心，浑然不知发生了什么。她小声哼着歌儿，手里紧紧攥着唯一的一支黄色蜡笔。

10岁的伊莉斯盯着自己的电脑屏幕，她看到一条中伤班里一个女孩的帖子。这个女孩本来就很害羞和缺乏自信。这篇由伊莉斯的一个朋友刚发布的帖子言辞恶劣，说了很多中伤人的话。她很不喜欢这样欺负人，但怎样做才能避免树敌呢？她跑下楼想跟妈妈谈谈。

15岁的萨曼莎在数学测验中途停住笔，深吸一口气，皱起眉头。她差不多做完了，还剩下大把的时间。如果保持这样的进度，她很可能在班里名列前茅。她喜欢数学，成绩一直不错。但这会让别人觉得她"头脑发达"，这种印象可太土了，尤其是在男孩子眼中。她知道自己可以现在就停下来，

---

① 唐卡车是福特公司生产的一种大脚四驱皮卡车。——译者注

空一些题不做。不要！她对自己说，马上又担心是不是说得太大声了。似乎没引起什么注意。她继续做题，完成了测验。

无论对女孩们还是她们的父母来说，女孩时期既充满乐趣又令人紧张。在成长的不同阶段，女孩们都需要做出艰难的决定，她们会困惑、会犯错，但最终会学习、会成长，这一切的经历会让她们成长为坚强能干的女性。

作为父母，手握一张童年的地图会对你很有帮助。你能知道将要发生什么以及如何应对。这本书就为你绘制了这样一张地图。为了绘制这张地图，我们研究了有关儿童发展、神经系统科学、家庭治疗以及养育方式的最新发现，也跟许多国家的爸爸妈妈以及教育工作者谈了话。我从不尽信专家，他们的理论得先符合我内心的感受并经得起常识的检验。为了绘制这张地图，我跟许许多多人进行了交流。这张地图会逐渐变得越来越清晰，让你知道自己身处何方。

女孩时期的五个阶段

尽管每个女孩都是独一无二的，但要想身心健康地成长，所有的女孩都将走过一段相似的旅程。女孩所经历的阶段以及这些阶段所处的年龄都与男孩的不同。在之后的章节里，你可以查找你的女儿所处的年龄段，了解正发生在她身上的一切，了解更多的细节。不过刚开始我们还是一起来看一下整体的情况：

第一阶段：安全感——我是否安全，是否被爱？（出生到2岁）

人类的婴儿是地球上依赖性最强的婴儿。因为出生时毫无防御能力，婴儿本能地觉得周围的成人必须爱他，否则就无法获得足够的照顾。吃饱穿暖并不够,机器能养活孩子,却不能帮助他发展智力和情感,这样的孩子会长成一种很奇怪的生物。只有父母温柔地爱抚,唱歌给她听,跟她说话,逗她开心,爱她,女孩才能在各方面都充满活力,才能确信生活是美好的。当她身体和情感的各种需求都得到了回应,她才会对生活做出最基本的判断:我是安全的,而且能得到爱。这个信念将扎根于她的内心,伴随她一生。

第二阶段:探索——世界是不是一个充满快乐的有趣的地方?(2~5岁)

在这个阶段,女孩开始对周围的世界发生兴趣,获得自信,发展创造力,变得聪明。而这一切都以她在第一个阶段建立起来的安全感为基础。如果周围的大人一直跟她保持亲密的关系,照顾她,那她就能放松下来,去摆弄玩具,在花园里玩耍,跌跌撞撞地走过草坪,跟泥土、石头和树叶玩得不亦乐乎。

孩子如果不能确切地感受到与妈妈的紧密联系,往往就无法探索周围的世界。因为他们太害怕爸爸妈妈会抛弃自己。

在这个时期,你的女儿置身于这个充满万事万物的世界,并看到别人如何描绘它、触碰它、建设它、创造它、享受它。如果爱她的人能和她一起参与这些活动,她就能感受到与大人们一起做这些事情的热情和愉快。她的大脑就将永久地被调到学习的挡位。你应该告诉她,人生是一场历险。各种奇妙的、新鲜的、充满挑战的事情将为她的整个生命增添乐趣。

第三阶段：与人交往——我能跟他人好好相处吗？（5～10岁）

这个阶段的孩子要与其他孩子、其他成年人、自己的父母和兄弟姐妹相处可能并不容易，但也充满乐趣。你的女儿会发现，如果她能够分享一点点，让步一点点，并与他人合作和玩耍，便可获得更多的乐趣。不过她通常要到3岁或4岁以后才能开始这么做，而且通常也很不容易。但是她会先从父母，然后从其他人那里学到，自己并不是宇宙的中心，了解到其他人也有自己的感受和想法。

整个小学期间，她将逐渐学到这些最难的技巧——重视自己，同时也重视和尊重他人。同样，这一切也是以早期的经历为基础的，若得到善意，她就会成为善良的人。若情感能得到回应，她就会成为富有同情心的人。若被诚恳对待，她就会成为诚实的人。

她会认为大多数人都不错："我喜欢他们，我们一起玩吧！"你的女儿会成为一个人缘不错的人。她总能知道如何以愉快且有益的方式与人相处。

第四阶段：了解内心——我是否能发现深藏的自我，了解什么能带给我真正的快乐？（10～14岁）

随着青春期的到来，女孩开始有强烈的自我意识，想要成为一个属于自己的个体。虽然还不能称为女人，但她已经不是一个孩子了。她像一株冬天的树，在为未来的繁花盛开积聚能量。她将在这几年增强自己内在的力量，认清她是谁。在这个时期，她需要有人帮助她想明白自己赞同和支持什么，最关心什么，什么才是她的兴趣和热情所在。女孩通常会在这个年纪发现自己的"燃点"——她热爱的、能给她带来欢乐的事情，生活的目的和创造价值的方式，也就是发现人生的意义。

女孩会通过自己的所作所为和自己的信念来获得一种身份，从而让内心更强大。这样的女孩就不会因为需要获得认同而像多数十多岁的女孩一样变得过于从众而乏味。

女孩的内心世界就如同一只野生的小兽，充满力量和悟性，但又小心谨慎。它需要时间，需要安静的氛围才会逐渐探出头来。当女孩了解了自己的内心，她就有足够的能力面对人生的许多重大问题，根据自己的需求选择亲密关系，选择职业道路，选择伙伴关系。一个了解自己内心的女孩可能个性温和，却很有主见，不会轻易被不负责的男孩或者坏朋友左右。在周围人看来，她忠诚、坚韧，会保护别人，也能保护自己。

第五阶段：踏入成人世界——我能对自己负责任吗？（14～18岁）

你的女儿将在 18 岁成年，为迈出这重大的一步，14 岁时就要开始做准备。很多准备是很实际的——比如学开车、保持健康、保证安全，以及如何理财、如何着装、管理时间、培养饮食习惯——但别忘了在态度上也需要有巨大的转变。有时候，在 14 岁和成人之间，需要一些标志性的事件，一次成人礼，某种经历（甚至不幸）让她明白她需要掌握自己的命运。现实有时候令人害怕，但这种害怕是有意义的。通过让自己保持稳定，同时得到来自年长女性的接纳和支持，她就能够走出幼稚和轻信，变得有责任感，能对结果负责，并且能采取积极的行动，让人生变得有价值。虽然女孩总有一天会看到人生真实的模样，但被动地等待既危险又不可靠。这有可能对女孩造成严重的伤害。也有一些人，他们根本从未长大，他们放弃了自己的人生，虚度光阴，在哀伤中随波逐流，他们指责周围每一个人，从不承担自己应有的责任。

我们要有计划有预见地将女孩送入成为女性的健康轨道。如果我们做得好，结果将是令人惊喜的。女孩将能够主宰自己的人生并成为这个世界独一无二的一分子。

每个阶段提一个问题

我希望你会觉得前面介绍的五个阶段清晰并且容易理解。记住，每个女孩都是不同的，因此划分这些阶段的年龄可能会有很大的不同。同时，这些阶段之间也会有一定的重叠。这是因为大自然效率很高，所以往往在一堂课还未结束时就会开始新的课程。我希望你能接受这些。

问题的关键在于当你的女儿经历过每一个阶段，她就会对自己的人生做一个总结，这个总结可能对她有益，也可能有害。比如，假设有这样一个女孩，她的五个阶段都过得不好，那么这个女孩可能会得出以下这5个结论：

1. 人生无常，没有人爱我。
2. 新想法和新事物让我害怕。
3. 所有人都不可信，也很难相处。
4. 我毫无价值，我什么都不是。
5. 成长过于艰难，我不想成为成年人。我对发生在自己身上的事情无能为力，也没有选择。发生的一切，与我的意愿无关。

这些看起来是很不好的结果，但每个和女孩们打过交道的人对它们都不陌生。每个父母都能从自己女儿身上，从她的朋友们或者其他女孩身上看到这些结果的现实版本。有些女孩能够承受，有些却不能。女孩们在这些阶段获得的结论是深刻的，将改变她们的一生。

幸运的是，这些总结是在结合了许多经验之后一点一点产生的。因此我们不必为犯一点错而慌乱。这些阶段历时很多年，我们也会有很多机会。

身为父母，最重要的是不放弃。爱你的女儿，坚持努力，就能帮你达到目的。如果你的女儿已经经历了几个阶段，而你感觉她并没有得到正确的信息，别失望，她之后会重新做出自己的结论。

当然，如果你刚有了一个宝贝女儿，而她就是你读这本书的原因，那么你真是非常幸运。不过，无论在哪个年纪，只要你有足够的动力并时时关注女儿的成长，你就总有机会让事情往对的方向发展。

父母课堂

女孩的成长和男孩不一样，而且比他们快

女孩发育比男孩快，尤其是在大脑的能力方面。还在妈妈的子宫里时，她们的身体就开始分泌雌激素，这增加了她们大脑发育的速度。一出生，她们的发育水平就比男孩早了几周。[2]

这种差异在最初的 5 年或 6 年逐渐变大。无论是学会说完整的句子、控制自己的手指，还是可以画出精巧的画，甚至写字，女孩都比男孩早 6～12 个月。女孩比男孩早一年就做好了上学的准备。上幼儿园的时候，女孩比男孩的分离焦虑少。当然，这一点在不同孩子身上的体现会非常不同。

女孩比男孩早两年进入青春期。她们似乎一夜之间就长成了小淑女，而男孩还一点变化都没有。最终，她们更早成年——男孩的大脑 20 岁出头时才最终发育成熟，女孩比他们早好几年就完成了大脑的发育。好像大自然对女孩有这样的要求：你们最好快点长大，因为你们需要用到自己的智慧。

> **父母课堂**
>
> ### 想想你自己的生活
>
> 如果你是位母亲,那么在养育女儿方面你有巨大的优势——你曾经是个女孩。如果你是位父亲,情况会很不一样。但是,也没什么关系,因为通常女儿们也不会指望爸爸像妈妈一样。你需要扮演一个不同却同样重要的角色。
>
> 如果你是一位母亲,请你回想自己的童年时代。(爸爸也可以这样做,虽然你经历的过程会有些不同。)
>
> - 当你还是个婴儿时,你是否感觉安全,没有恐惧?你们的父母是否生活状态良好,能够爱你?
> - 幼儿时期,你是否曾得到鼓励去玩耍、享受和探索周围的世界?你的父母是否有时间和兴趣来逗你开心,向你展示生活的美好?
> - 上学以后,你的父母是否帮助你并且向你示范如何与他人相处?他们自己跟别人相处得好吗?他们是否能够既照顾自己的需要,又尊重他人的需求?
> - 在你处于青少年初期的时候,你独特的爱好是否能得到支持?或者周围的人都只是在忙自己的事?
> - 在你处于青少年中期的时候,你是否开始了解自己的内心?了解自己与自然和世界的关系,并且在巩固这种关系?
> - 最终,在你处于青少年末期时,你是否已经清楚地认识到自己是个成年人,因此你能够掌控自己的人生,带着力量感和目的性去面对自己的行为产生的结果?

> 问题不少,但你能很快了解自己什么地方做得不错,什么地方有过失误。也许这能帮你了解面对女儿的时候该怎么做,以及这样做的重要性。

利用这些阶段

想利用这些阶段,你要做的第一件事是问自己:我的女儿现在处于哪个阶段?根据上面列出的这些阶段,她的人生目前面临的最大的问题可能是什么?(要始终反省你自己的经验,而不要让书本或者理论左右你的行为。)如果你的直觉告诉你,她目前就在这个阶段,那么你就可以组织你的各种经验和资源来帮助她度过。在后面的章节里我们会教给你具体的做法。

利用这些阶段的另一种方法是"补救"。你可以找出环境不利可能会使她错过的阶段。人的本性让我们能够弥补我们错过的事情。比如说,被领养的孩子,虽然家庭背景可能非常糟糕,但他们也能够从新父母那里逐渐获得安全感;因为被过度保护而充满恐惧的女孩能够在劝导下不断面对挑战,表现出越来越多的勇气;毫无社交技巧的女孩能慢慢学会与人相处;等等。而我们要做的就是给予相应的支持。如果你的女儿在她"求索路"的早期遭受挫折,那么她有可能在某个年龄段止步不前,或者在发育上落后很多。

成长记事本

黏人的理由

10岁的嘉玛非常黏人,常常要求妈妈紧紧抱着她。

妈妈一开始觉得这样很讨厌,但之后她回想起了一些事,当嘉玛还是小婴儿的时候,她压力很大,得了抑郁症。她意识到嘉玛虽然已经到了第三阶段，但她现在正回去完成自己的第一阶段——"我是否安全，是否被爱"。她决定给嘉玛所有她需要的拥抱，然后发现女儿发生了巨大的改变。在之后的几个月里，嘉玛放松了很多，变得更加自信和独立了。

成长记事本　压力之下，我们都会倒退

这是个很有用的提示。很多时候，如果家庭正承受压力，孩子的应对方法就是在年龄阶段上倒退。一个自信的5岁孩子会突然开始吃手指，并把自己裹在毯子里。一个14岁的孩子会在聚会中黏着你，而不是跟同龄朋友在一起。或者，一个21岁的人会拒绝自己做决定，而等着别人告诉他该怎么办。

压力之下，我们都会倒退一两个年龄阶段，想想你是不是也有过不想起床，或者不想跟别人打交道的时候。这种状况偶尔发生是很正常的。通常你可以任由你的女儿通过这种方式恢复和积聚能量，没有人能掌控所有的事。但如果她好几天之后还是拒绝"成长"，那么你就需要想想办法了。她可能需要一点推动力，或者需要多一些的帮助才能找到问题所在。

如果没有明显的理由，你一定要找到让她产生压力的原因。也许有些事她应该告诉你，却不知道怎么开口。

> 也别忘了对自己好一点。这样她就能看到每个人都需要滋养，都需要放慢脚步。你可以利用假期来帮家人减压，每周安排一个休息日，同时逐渐减少日程安排，这样她就不太容易超负荷。孩子的压力太大，往往是整个家庭需要放慢脚步的信号。

本章小结

- 所有的女孩都要经历五个阶段才能成长为成熟的女性。
- 女孩时期的五个阶段：获得安全感，学会探索，处理跟他人的关系，了解自己的内心以及能够主宰自己的人生。所有这些阶段都离不开成年人的帮助，成年人必须知道该怎么做。
- 了解女孩的成长地图，父母才能安排好自己的生活，为女孩提供她们需要的一切。
- 在女儿成长的旅途中，你是她的导师、照顾者和盟友。扮演好这些角色可能是你能做到的最好的事。

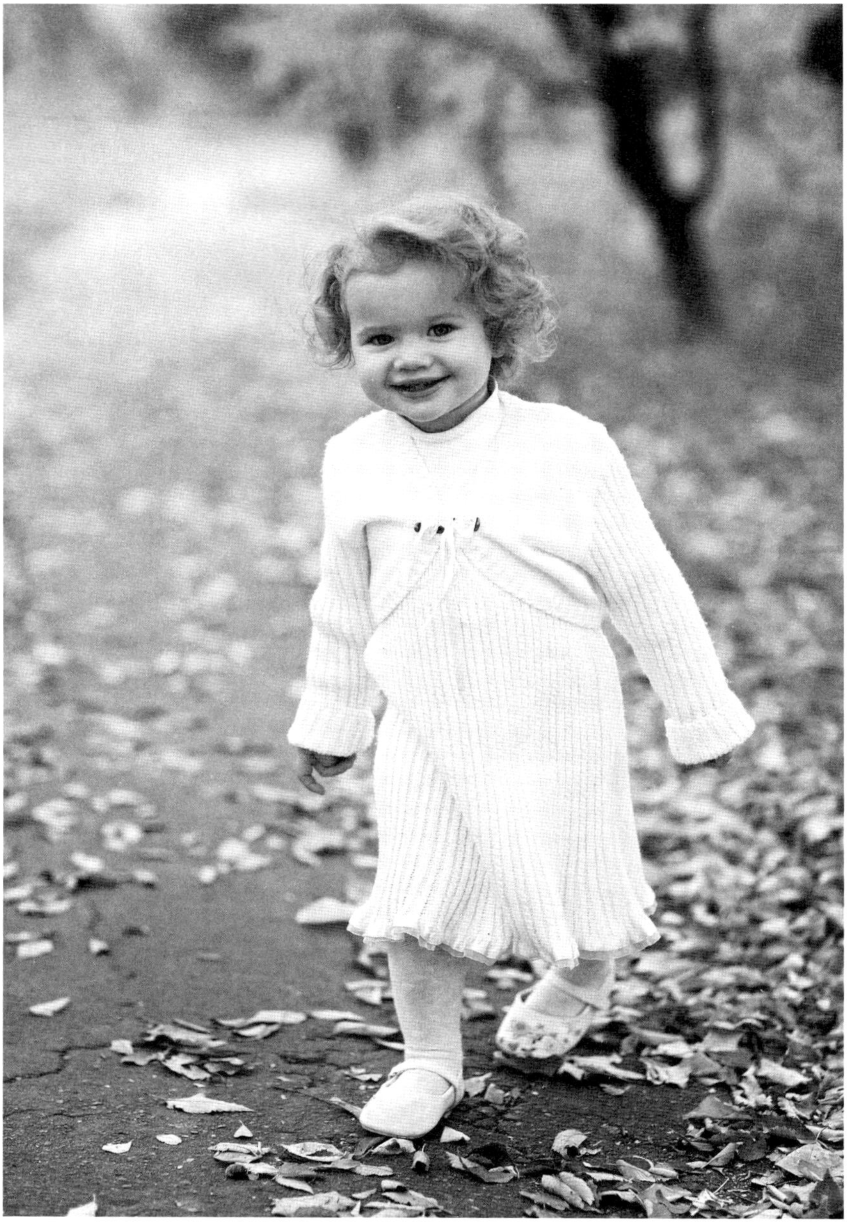

第2章 Raising Girls
从出生到2岁：初始岁月

清晨，5周大的小露西早早就醒了。她躺在自己的小床上，旁边是爸爸妈妈的大床。爸爸妈妈都还在熟睡，爸爸发出轻轻的鼾声。露西注视着被阳光投射在墙上的舞动的阴影，不时愉快地挥动自己的小胳膊。周围有趣的一切令她开心地发出各种声音，并且把头转来转去。

过了一会儿，露西饿了。她刚开始呜咽，妈妈就醒了，而丈夫整晚的鼾声都没有吵到她。百万年来形成的哺乳动物的本能已经将妈妈的听觉完全调到了宝宝的"频率"上。她俯过身，睡眼惺忪地将露西抱过来，解开衣扣，露出乳汁充盈的乳房，让露西吸吮。露西很快安静下来，一边高兴地吮吸着，一边精神焕发地看着妈妈的眼睛。这么大的宝宝只能看清30厘米以内的东西，这个距离刚好让婴儿能在吃奶的时候看到妈妈的眼睛，再远的物体就是一片模糊了。她只需要清楚地看到妈妈是愉快和

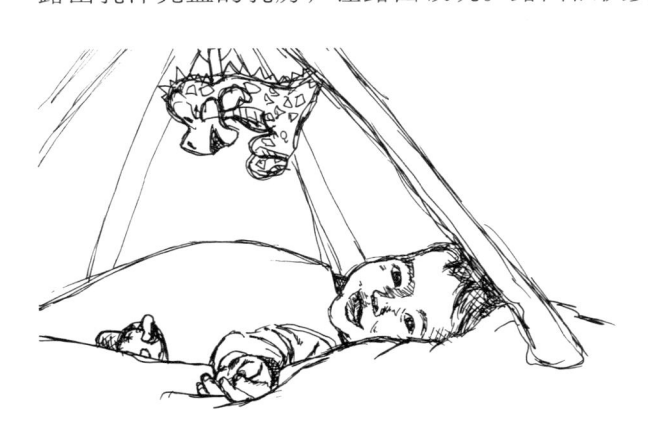

满足的，这样，她就能放松了。

一天很快就开始了。露西以及她的妈妈，还有爸爸会做很多事。他们会到街上走走，到商店买东西，也许还会遇见或者顺路拜访几个朋友。露西要换好几次尿布，吃好几次奶。不过，大部分时间里，露西只是躺着或者睡觉。吃奶和睡觉，无须任何特别努力，这就是婴儿早期的主要生活。而这样的日子一天天过去，露西的大脑一直在生长，生命的第一年，大脑将增大两倍甚至三倍。生命早期是大脑生长速度最快的时期。而帮助大脑成长的正是爱、微笑、歌唱以及各种有趣的互动，还有父母们和宝宝在一起时自然会做的许许多多的事情。

学会连接

当妈妈在房间各处或者在电脑前忙碌时，如果露西觉得孤单，她就会发出声音吸引妈妈的注意。妈妈就会给她回应。虽然露西要到1岁左右才开始说话，但现在她和妈妈已经能准确地知道对方想要表达的信息。大致翻译一下，她们之间的"对话"应该是这样的：

宝宝：你在吗，亲爱的妈妈？

妈妈：我在。

宝宝：我依然是你生命中最重要的人吗？

妈妈：是的。

宝宝：我就是想确认一下。

妈妈：我了解，没问题。

研究者们用特殊的高速相机记录了妈妈和宝宝之间的交流过程，并且给这个过程起了一个专业的名称：共同注意序列[3]。它指的是妈妈和宝宝之间心照不宣的相互呼应，这种呼应每天都会出现很多次。这些小小的"对话"不仅能帮助孩子确认妈妈的爱，也能让她在逐渐长大的过程中更好地察觉他人的情感并与人共情。在这些"对话"中，回应的时间点十分敏感，这似乎是一个非常和谐的互动过程。研究者发现，即使妈妈出现在屏幕上，"对话"也能进行，但是假如回应延迟了，哪怕只有一秒，宝宝就会彻底抓狂。妈妈和宝宝间的节奏十分合拍。这就像一场精美柔和的双人舞，以呢喃、颔首、浅笑、轻唱，培养了小女孩今后适应生活、与他人相处的能力。

露西的哭声常常会变得很激烈，这可能是因为她被什么事吓到了，或是因为她饿极了，或者有什么东西她不喜欢。妈妈会回应"怎么啦？"，或者"亲爱的，出什么事了？"。她会使用成年人对婴儿说话时惯用的高声调，这种声音更容易被婴儿听见。（这也是最近听力学家找到测量方法后，人们才得以了解的事实。）然后，妈妈会将声调调整得更加平稳。她可能会把露西抱起来，温柔地摇晃她，帮她恢复某种有节奏的平静。在得到千百次这样的安抚之后，露西的大脑就会找到一条从压力通往放松的通道，并在今后的日子里经常使用这条通道。

露西的父母和她共处时拥有一种叫"响应能力"的特质。简单说就是：他们能接受她的讯息，了解她的沟通方式。他们能读懂她的信号，并且以一种安心、平静的，而不是慌张的态度做出回应。他们之所以能这样做，一部分是出于爱（以及因为爱而分泌的激素——催产素），另一部分也是因为他们能够在孩子出生的头几个月确保生活不要过于忙碌或奔波。（他们不会选择在这个时候装修浴室，或者接受重大的职位提升。因为他们知道养育一个小宝宝本身就是件不太容易的事。）除非发生抑郁这样的特殊情况，露西的妈妈通常会觉

得陪伴女儿是件很愉快（也很不容易）的事。虽然谁都不是生来就会做父母，但只要有足够的时间，并且得到支持，露西的妈妈就会发现自己已渐入佳境。

来自祖母、朋友以及姐姐、阿姨们的支持也非常重要。在初为父母的这个阶段，新手爸爸和新手妈妈完全只靠自己会非常困难，他们也需要爱和关注。爱就像一条河，流经我们的身体，又流向别人。怀抱着自己的小宝宝时，跟家人和朋友保持密切的联系会大有裨益。

人际交往能力习自幼年

成年之后，我们都会了解到人际交往技能在生活中的重要性。而我们往往是从缺乏这种技能的人——麻木不仁、感觉迟钝的上司或者同事，街上遇到的冷漠的行人——身上了解到这一点。了解他人的感受，掌握对话的节奏，知道什么时候该倾听，什么时候开口说话，这些都是非常复杂的高级技能。我们中的大多数人都有过跟他人交往时感觉尴尬，或者节奏完全不合拍的经历。但愿这些经历都只是暂时的，而且往往发生在我们太过努力、太想给对方留下深刻印象的时候。这些时候，我们丧失了自己的"真实感"。我们也遇到过一些非常专注、敏感的人。和他们在一起感觉非常好，会觉得被注意和被重视。对于人类这样的社会动物来说，和谐的交往是获得幸福感的关键。

正因为如此，我们早在还不会说话时就开始学习交往技能。有趣的是，获得交往技能的关键期是在 6 ~ 12 个月。这个时期，婴儿非常看重是谁陪在自己身边。几千年来，妈妈们都知道新生儿可以由不同的人来照看，但 6 个月大的婴儿会准确地知道谁是爸爸、谁是妈妈，而且，往往不会再信赖其他人。

神经学研究为这一现象提供了理论支持。从 6 个月起，大脑中负责交往技能的部分开始发育。女孩生性对社会关系更加敏感。人际交往是女孩天生的才能，但仍然需要培养和锻炼。这种培养无须刻意，只要顺其自然。如果你的宝宝呼唤你，你就给她回应。这个过程对你和她来说都是随意、自然、令人放松的。

大脑前额皮质的发育

小露西出生后的前6个月总是在睡觉，这是因为她才刚开始适应这个世界。6个月以后，她的生长速度就加快了。在她大脑靠近前额的部分有一个区域，如果你能看见的话，它长得有点像花椰菜，皱巴巴的，布满沟壑。这个部分叫作前额皮质，它从这个时期开始发育。大脑前额皮质是大脑中最复杂的一个部分，它掌控一些对生活非常重要的功能。前额皮质掌管同情心、社交性。我们之所以成为人，正是因为具备这些能力。

前额皮质为什么不能再早些发育呢？一方面是因为太早发育会导致露西的头太大，造成分娩困难。另一方面也因为在这个部分运行的"软件"还需要露西的父母和其他照顾者来"装配"，这样才能适应她的家庭和文化的独特性，帮助露西与这些养育她的人相处。

除了社交方面的功能外，前额皮质还控制着两项很重要的能力：

1. *专注，集中注意力的能力。*
2. *使自己平静的能力。*

婴儿不能自我安抚是有重要理由的：他们需要随时准备应对恐慌。在野外（过去几十万年的人类历史中，人类都是生活在野外的），小婴儿从早到晚都被抱着或者背着，因为这是为了确保他们的安全并让他们得到良好照顾的最佳方法。而且，那时候的成人多数时间在移动，所以这也是个实用的办法。（时至今日，在某些所谓的不发达地区，婴儿就很少被放在一边，他们也很少哭。）在漫长的史前时代，有各种各样的食肉动物逡巡在人类周围，总想把小婴儿偷走，当成一顿美餐。因此，如果孩子发现自己独自一人，或者，更糟的情况是，他的面前突然出现一个毛乎乎的东西，滴答着口水——那他可能就有麻烦了。哭声响亮的孩子最容易迅速得到救援。因此，恐惧以及恐惧时尖声大叫就成为人类的一种生存技能。

孩子被单独留下时启动的报警系统也给父母传递了重要的信息。正如孩子一出生我们就被告知要注意帮他们保暖，因为他们不能自己调节体温；我们也要帮他们保持平静，因为他们无法调整自己的情绪。因此，孩子一天中会多次感到烦躁，哼哼唧唧，甚至号啕大哭。他的爸爸、妈妈、祖父母或者兄弟姐妹就会把他抱起来，安慰他，帮他放松。"没事，哦，哦，没事没事。"这种安慰会逐渐成为他的一部分，他会学会安慰自己，但他首先需要在很多年中不断获得周围人的帮助。平静是一份礼物，它将逐渐内化，成为支持孩子一生的内心力量。

平静是一份礼物

你的女儿能够从你在她生命的最初几个月和几年中给予的安抚中获得自我平静的能力。甚至当她还在你肚子里的时候，你突发的激烈情绪就会影响她的身体。因此，孕期平静的心情最终将带给你一个更加放松和快乐的孩子。这意味着你应该尽早做规划，保证在孕期以及孩子出生后一到两年里能尽量减少压力，并且有尽可能多的时间和孩子在一起。

这样的需求与我们对生活的看法有很大差异：奔波忙碌是现代生活的基调。但我们的孩子还是石器时代的"配置"，现代生活的疯狂并不适合他们。如果可以，将自己从忙碌中挣脱出来，在这段时间稍事休息吧。

> **父母课堂**
>
> ## 什么是平静?
>
> 平静不是一种性格特征,而是一项技能。你首先得认同平静的意义,认同如果自己放慢脚步,与周围的人沟通,活在当下,那么你的生活会更好。然后你需要练习,直到这种能力成为你的一部分。这会让你周围所有的人都受益——你的存在,让他们觉得宁静和愉快。这也恰好是孩子需要从父母那里得到的东西。这也能使你自己受益——当导致压力的激素水平降低,你会更长寿、更健康。平静是一种非常值得培养的能力。
>
> 平静由一些确定的行为达成:深呼吸、放松双肩、放松肌肉,感觉你的双脚有力地扎根于地面,将注意力平稳轻松地集中在当前的事情上,不被慌乱的情绪影响。哪怕只是做3~4次深呼吸,吸气、呼气,就能让你心跳变缓,情绪稳定。镇静的人往往会自动这样做。当有紧急情况发生,他们会自动倾向于先安抚自己,而不是立刻因乱了阵脚而做错事。
>
> 自行调节情绪是一项非常有价值的人生技能。你要做的是觉察:我现在平静吗?如果不是,有意识地深呼吸几次,感觉双脚与地面的接触,然后再次觉察,感觉自己的激动情绪逐渐消失,代之以平静的反应。这样练习几天,平静的天然魅力会把你逐渐带到一个平和稳定的状态。一切都变得更好了——食物的味道,花的芬芳,淋浴时水洒在身体上的感觉,皮肤上的暖意。你会发现时间变慢了,你能在开口之前先停下来思考。这样做真的非常有好处!

哭泣和睡眠

"一切都好！"这是你教给女儿的第一课。"你被爱被珍惜，我就在你身边，一切都好。"如果任由孩子哭泣，这个惊恐又孤独的孩子不可能学会安抚自己。对此，人们都有误解。她可能最终会安静下来，但这是因为她启动了另外一种生存模式。"没有人会来！"在荒野中，孩子持续的哭泣会招来危险，因此，如果她最初的哭泣没有得到回应，这个孩子就不会再哭了，而转为生理抑郁。如果父母不能及时回应——因为产后抑郁、酗酒，或者就是漠不关心——而且这种情况经常发生，孩子就会认为"我的努力对他人没用"。这种模式将成为她未来应对困难的模式，称为"习得性无助"。[4]

你不会希望你的孩子启动这样的模式，因为这会导致她在遭遇困难时丧失控制感和希望。"抑郁"是一个经常被误读的概念，简单地说，它其实就是人类关闭自己身体的能力。这种能力也源自远古时代，那时人类在坏天气里只能枯坐，只能忍耐漫长冬天的寒冷与黑暗。在那种时候，食物匮乏，人们也没有力气捕猎，少活动、少吃、什么都不做就成为最好的生存方式，但是抑郁的应对方式很容易过度发展。通过忽视一个孩子而让她感到抑郁，对她毫无裨益。她可能会安静地躺着，但实际上非常不快乐。

也有中间道路可以选择，尤其是在哄孩子睡觉这方面，这是拯救疲惫的父母的重要方法。在孩子被放到小床上睡觉之后，她有时会发出声音，试图让大人过来陪她玩。这时不妨先由她自己哼唧一会儿，看她是否会慢慢放弃玩耍的打算，进入梦乡（尤其是当妈妈或者爸爸已经非常疲惫，需要休息一会儿的时候）。但是如果哼唧声变成了大声"抗议"，情况就不妙了。这说明她需要得到安抚，说明你们之间的亲密纽带正面临危险，她需要确认你在她身边。（在本书的注释部分，你会看到我推荐的一些不错的书，教你如何让自己和孩子都能多睡一会儿，但又不必采取极端的方法。）

你也需要激励你的宝宝

谈论了那么多关于平静和安抚的话题之后，千万别忘了这一点：我们并不希望孩子总是保持平静。无论小宝宝还是大一点的孩子，他们都需要进入更加兴奋的状态，体验多种情绪，学会快乐的方法。自古以来，父母和哥哥姐姐都会很自然地和小宝宝玩耍。当你用你们喜欢的方式逗你的女儿——给她唱歌，把你的脸藏在手掌里或者用杂志挡起来玩躲猫猫——小女孩都会咯咯地笑，充满活力。胳肢她，亲昵地拥抱她，把她抱在臂弯里载歌载舞，这些活动都有助于她的协调性和身体感知能力的发育。不过，别只为了达到这些目的去做这些事，快乐才是你的目的。来点音乐，跳起来吧！

即便是爸爸和孩子之间的嬉闹也很有意义。爸爸们的"劣根性"就是喜欢把孩子高高地抛到空中，要么就是追跑打闹，或者悠来荡去。这些做法也许会让你的女儿感觉有点压力，但只要方法得当（你可以从她脸上的表情看出她是不是真的觉得很紧张，如果是就放慢节奏），她也能适应，然后开始大笑。有研究表明，那些从孩童时期就跟爸爸一起疯玩的小女孩，抗压能力比那些只玩安全温和游戏的孩子更强。[5]

（特别针对爸爸们的一个提醒：对很小的宝宝，一定要小心他们的脖子，

然后才是全身。几个月大的宝宝的脖子无法支撑头的重量,他们的脖子很容易因为弯曲而受伤。当你带他们活动时,一定要确保脖子和头部的安全。)

这些做法还包含更为重要的意义:为快乐做个榜样。你的女儿是通过观察你的言谈举止来学习的。如果你和她在一起的时候,只要情况允许(比如,不是在开车的时候),你都很快乐并精力充沛,滑稽有趣,那么她获得快乐的能力也会增长。倘若你对路人友善,着装时欢喜,沐浴时歌唱;倘若你谈论他人时总带着善意,遭遇不平时总有办法疏解,那么你的女儿在非常小的时候就会开始吸收你的这些能量,受到你潜移默化的影响。

你值得在这方面认真审视自己,尤其是妈妈们,母亲是女儿人生态度的第一参照。花一天时间仔细看看自己,你在生活中是否总是皱眉,常有压力,时常抱怨,步履仓促?如果你的确是这样的,那么,成为一个新生女孩的母亲将给你足够的动力改变自己。

父母课堂

爱的激素

现在,很多人对自己变成爸爸妈妈感到手足无措。时光倒回100多年前,许多家庭都有七八个孩子,家里嘈杂拥挤,却充满欢乐。每个人的成长过程中,身边都有婴儿或者小孩子,因此都知道该怎么对待他们。今天的情况已经很不一样了。一项调查显示,1/3的父母在抱着自己的孩子之前从未接触过小婴儿。

幸运的是我们体内的激素会帮忙弥补经验的不足。新手妈妈的身体里充满一种叫催乳素的激素。如果你足够幸运,可以给宝宝母乳喂养,那么你血液里的催乳素含量就会更高。这种激素能帮助你将注意力集中在孩子身上，随时满足她的需求。其他的激素也有作用：当你拥抱你的孩子，或者你的伴侣与朋友拥抱你的时候，催产素会让你感觉到满足和踏实。

催产素是一种了不起的激素，分泌后进入我们的血液中，会在我们性高潮时释放，约见朋友时释放，和某个人一起吃饭或者同桌而坐时释放。当我们出生时，如果周围的环境是放松的，如果我们感觉到安全，那么催产素就会汹涌而来。当人们谈到联结，其实也是催产素在起作用。如果一个人没能得到足够的爱，也就无法得到足够多的催产素，那么他很可能要从其他渠道获得满足，比如追求名望、吸毒、滥交、购物、吃垃圾食品，或者写书。

加拿大温哥华东部一位很有名的毒瘾研究者盖博·梅特认为：海洛因以及其他毒品进入人体时让人产生的感觉，其实就是在模拟被爱，或者说是被爱的感觉的替代物，但是产生的结果却全然不同。

这都是因为我们试图得到从母亲那里未能得到的爱。因此，给你的宝宝很多很多的情感，对她是极大的好事。她将因此变得强壮和独立，并且成长为一个被爱且有能力去爱的人。

父母课堂

怎样陪孩子玩耍？

从出生后的头几周开始，你跟你的宝贝女儿在一起时无论做什么，都可以成为一种欢乐的嬉戏。这种玩乐的心态不仅能让她快乐，也能使各种日常小事变得轻松。

比如给孩子洗澡。有的父母只是仓促完成整个过程,但也有的爸爸妈妈愿意让这件事变成让孩子快乐也让自己快乐的事。他们确保房间温暖,他们不担心水会溅得到处都是,他们把水搅得哗哗响,他们唱歌,他们念念有词,或者发出各种各样的声音。最有意思的是,他们会用大勺舀水,然后泼在孩子的前胸后背,她最喜欢这样了。我们中的许多人都还记得童年时代的这种快乐,记得温暖的肥皂水流过皮肤的感觉,记得有人用柔软的毛巾把我们的身体擦干。

6个月以后,孩子能坐了,她就开始尝试自己玩水,捏住毛巾挤出细细的水流,拍打肥皂泡泡,洗澡的时光为孩子的感官探索提供了一片奇境。

只要带着玩乐的心情,即便是穿衣服、换尿布这样的事也会变得更容易。你的女儿不会那么焦躁,因为她认为这些都是很有意思的事。她对事情的判断都来自你透露的线索:如果你表现出焦虑,她也会烦躁,因为她在替你担忧。但如果你快乐,她也会快乐。

陪孩子玩是一件很重要的事。儿童发展专家认为:玩耍能够激发我们大脑全部的潜力,释放让我们受用一生的创造力。[6]爱玩的人都善于创新而且与众不同,最伟大的发现往往来自他们。

在开心的状态中成长起来的女孩不会畏缩,也不木讷,她具备打破常规的思考能力,并且会将这种能力运用到未来的职业发展中。她能够与周围的人愉快相处,因为玩耍往往需要协作。玩耍会使人感到自信、轻松,愿意尝试新事物。玩耍能驱散压力,提高人的抵抗力。玩耍让人活力十足,从而获得更加健康的身心状态。

如果你生性不是个喜欢玩闹的人,不妨给自己一个机会试试。玩耍就像婴儿的笑一样容易传染。你很快就会发现自己被女儿欢乐爱玩的天性俘获,你们都会非常开心。

成长记事本

孩子们会适应的

你有没有跟暂时没有孩子,但正打算要孩子的年轻夫妇交流过?

通常,这些自信满满地规划着新生活的夫妻,尤其是那些有很强的成功欲望的人,都会对自己未来为人父母的生活寄予很高的期望,并且设定很多目标,比如"我们绝不会……"或者"我们的孩子一定要……"。他们总是爱说"要怎样"或者"不要怎样",因为在他们还没有孩子的时候,生活通常可以按照他们的期望进行。所以他们还会妄想有孩子后可以掌控生活,但这是真正的父母们早就放弃了的事!

和这些未来的父母交流的时候,千万不要打破他们的幻想(咱们可不能让年轻人泄气)。这些准父母往往会宣称:"我们的宝宝会适应我们的生活方式。""只要他一开始适应了,以后就都没问题。"对这样的完美设想,过来人也就是听听,努力不让他们的欢乐破碎。

我就有这样的朋友。他们夫妻都是护士,迟迟不肯要孩子,想要的时候又一直不成功。后来他们终于有了自己的孩子,而我已经很久没有他们的消息了。

我曾经加入一个创伤救援队,在严重的事故后为急救工作者提供帮助。我经常需要在深夜工作。一个晚上,我在半夜两点开车经过霍巴特回家,看到一个奇怪的驼背的身影蹒跚地走在萨拉曼卡附近的海滩边。它背上有个巨大的鼓包,它紧紧抓着那个包,跌跌撞撞,但是坚定地走在空无一人的街道上。我的想象力立刻活跃起来,猜想一定是什么住在码头下面的东西,夜里躲开人类的目光,爬出来吃比萨饼的碎渣。但是开近一看,我认出"它"是我的一个朋友!他背上的大鼓包是个小婴儿。他带着他的宝宝半夜两点走在大街上!看见我时,他冲我伸出两根手指,露齿微笑。我把车开过去,想看看他是不是一切都好。"你不是说孩子会适应你们的生活方式吗?"我想。他也明白了我的心思,笑了。为了哄孩子睡觉,他正在带孩子散步。这是唯一有效的方法。

所以,还是听我的吧,孩子绝不会改变自己来适应你的生活。孩子只会扯下你生活的面巾纸,将它沾满鼻涕,揉成一团!即使你对父母这个角色只尽了一半职责,他也将颠覆你的世界。孩子的能力不可小觑(我不知道该大声宣布,还是轻声低语,但事实如此),将让你在至少20年内无法在自己的生活中拥有优先权。如果在此前的20~30年里,你一直是个以自我为中心的"大人物",那么为人父

第2章
从出生到2岁：初始岁月

母的生活对你来说会极具挑战性。但它对你也有好处。但愿你的孩子以及父母这样的角色能回报给你足够的爱，令你可以不在意这样的挑战及改变。不过，对未来心中有数还是很重要的。

（我家的情况就是这种生活的真实写照。我们为在家分娩做了精心安排，有出色的助产士和医生随时待命，但是两次都以紧急剖宫产告终。不过你仍然可以尽量挽回——两次分娩我都在场，竭力不让自己晕过去，当孩子从绿色的手术帘后面被抱出来时，我第一时间将我的孩子拥在了怀里。儿子出生几小时后，我吓退了一个护士。这个"大怪物"居然想把两英寸长的塑料管子插进我儿子的胃里取样，仅仅为了以防万一。我带着孩子睡在病房的地板上，这样在妈妈的手术恢复期，孩子能离她近一些。所以，我不是要你放弃理想，只是建议你放弃精心计划的完美生活，学会变通。）

为人父母相当不易，但的确值得。对那个以自我为中心的自己说再见吧，你不需要那样做，它也不再适合你。

> **成长记事本**
>
> ## 不教育，只享受
>
> 最近几年，为了迎合父母们想要让孩子变得更聪明的迫切心情，各种产品和训练项目——DVD、闪卡、图书以及昂贵的课程铺天盖地。尽管人们竭尽所能，花费不菲，要求孩子2岁就开始阅读，4岁学拉小提琴，但没有科学证据表明这些方法有效。相反，我们为此付出的代价却是显而易见的，父母和孩子变得更加焦虑，亲子关系变得更紧张。我很想说，应该不惜一切代价远离任何打着"早教"旗号的产品和场所。我没这么说，但真的很想说。
>
> 无论婴儿还是大一点的孩子，都喜欢刺激。但是刺激的方法非常重要。关于词汇习得（学习和使用单词）的研究表明，重复刺激性的词汇或者使用能令人兴奋的方法并不能帮助孩子获得更大的词汇量。研究者发现，词汇量最大的孩子是那些得到父母倾听最多的孩子。让孩子把单词纳入记忆的不是反复听到这些词，而是使用和享受它们。孩子只有在体验到语言的力量时——吸引和获得他人的注意时——才记得住这些词。"爸爸，把泰迪熊给我。"（爸爸拿泰迪熊胳肢她的女儿，逗得她咯咯直笑。）"不，爸爸，慢慢地把泰迪熊给我。"
>
> 所以我们要消除亲子关系中的压力。你能和你的小女儿一起做的最好的事就是享受陪伴她的时光。跟她随便地聊天，只要你愿意做，你会发现这是件很自然和容易的事。跟她唱歌，和她在一起，逗她开心（这才是真正能令她们竖起耳朵、欢欣鼓舞的事），这样就能让她觉得语言是一种能让人采取行动的神奇工具。在这方面，一个

第2章
从出生到2岁：初始岁月

没有受过教育的第三世界的农村妈妈和有幽默感的少女妈妈都能做得比拥有商业管理学位的某人强——因为她们知道如何放松，如何享受。

但如果你生来就不会跟孩子相处怎么办？如果你的童年是冷漠、紧张和焦躁的，如果你的父母从来都不苟言笑或者十分暴躁，怎么办？可能你不是一开始就能够嬉笑自如，只要你不担心自己看上去或者听起来傻兮兮（这恰好是问题的关键），只要你能看到是什么让你的小女儿发笑，那么你就总能变得轻松幽默。你女儿的身上积累着哺乳动物百万年进化而来的特质，她和小猫、小狗或者小树袋熊一样，喜欢做对自己的成长最有利的事——玩耍。

童年没有一秒钟会被浪费。孩子们始终在学习，而我们就是老师。对那些曾经想完成无数目标的父母来说，童年时光是模糊的，碌碌而过。但事实上，这段时日将是你经历过的最有成效的岁月。

031

本章小结

- 小露西发现这世界还不错，因为她的父母值得信赖。
- 婴儿需要从我们这里获得安抚，才能控制天生的焦虑。因此我们需要重新安排生活，使自己保持平静，并且随时提供情感支持。这在孩子出生后的前6个月尤其重要。
- 在6~12个月这个阶段，你的女儿将学习并掌握基础的人际交往技巧——互动的节奏以及如何保持平静。
- 孩子也需要被激励，需要有人陪她玩，需要了解生活的乐趣。好在做到这些并不困难。
- 孩子不会调整自己来融入你的生活。相反，你需要适应她。做好生活将被彻底改变的准备。接受这一点，你就会获得更多的乐趣。
- 那些刺激婴儿的产品和项目往往只是浪费钱，甚至会给亲子关系增加压力。

第3章　Raising Girls
2～5岁：学习探索

从某一天起，你的孩子站了起来，跌跌撞撞地开始走路。忽然，你的生活和从前大不相同了。猫咪要小心！金鱼请保重！咖啡桌上贵重的花瓶要赶快拿走！（即使是只会爬的孩子也能够碰到它们。）

2～5岁女孩的生活目标很单纯：探索。在这个年纪，女孩子只想要快乐。对此，她信念坚定，愿望强烈。若被阻挠，她就会非常恼火。当然，有些时候必须阻止她，但最好是采用分散注意力的方法，或者为她提供其他的选择。也有的时候，你会板着脸大吼一声："别动！"但总的来说，你还是应该鼓励她探索，探索越多越有助于培养更加快乐和聪明的女孩。

正因为是女孩，我们有特别的理由认为这个阶段非常重要，事实上，是你对待这个阶段的方式和态度特别重要。你要在这段时间尽量为她提供锻炼各种能力和获得自信的机会。从自然到艺术以及运动能力，都是从1～5岁这个阶段开始的。

女孩不该受限

很多时候我们完全是无意识地在限制女孩。最近刚好有一个研究，是关于我们对孩子的说话方式的。研究发现，父母们完全没有意识到，他们对男孩和女孩说话的重点和谈论的内容完全不同。[7]

如果是男孩，父母会说："看！那边有 3 只兔子。"

如果是女孩，父母会说："看，那些兔子多可爱！"

如果是男孩，父母会说："哇！你用 10 块积木搭了个高塔！"

如果是女孩，父母会说："你搭的塔真漂亮！"

你能看出其中的差别吗？男孩等于数字，女孩等于感受。这种无意识的暗示具有强大的影响力。这种做法带来了怎样的改变，还没有人真正了解。

这有什么关系吗？我们早就知道尽管女孩的数学能力并不比男孩差，但大多数男孩更喜欢数学，在学校里的相关课程学得更好，未来也更容易选择那些需要用到数学的职业（其中就包括了薪水最高的职业）。女孩经常害怕数学。

我确信没有父母会故意削弱女儿在数学方面的能力。但我们在无意中更关注男孩的理性感受，以及女孩的情感体验。

所以，我建议我们扭转这种状况。女孩生性就对情感很敏感，我们可以鼓励她发展这方面的能力，但我们也可以常常跟她聊聊数字。"你看见几只兔子了？"而男孩已经有很好的空间感，因此"那些兔子很紧张，你看它们竖起耳朵在听我们的声音"这样的对话能让男孩开始对情绪有所感知。当然，也不必对此太在意，我相信，读过这些内容你就会开始注意自己的说话方式了。

多跟你的女儿谈谈数字、数数，称赞她搭乐高积木时在建造方面的出色表现。绝不要事先假定女孩不能……因为她们能做，而且她们愿意做，只要我们从一开始就相信和鼓励她们。美国第一位女航天员萨利·赖德一直致力于鼓励更多女孩学习科学。这为女孩创造了更多机会，也培养了更多优秀的科学家，这是我们非常需要的。

学习的热情

对于一个快乐的孩子来说,学习和乐趣是同义词。正因为如此,在1～5岁这个阶段,你的女儿教会自己的东西将是之后交纳昂贵的学费也买不来的。因此,看到父母们在孩子小时候忙着挣钱而没时间陪他们玩,真是让人难过。悲哀的是,在这些孩子上学以后,他们心中对探索的热爱已经"死"了。

孩子会从周围的成年人身上学会热爱生活,学会学习。他们除了天生好奇之外,还会跟随我们,吸取我们的热情。观察一位带孩子坐公共汽车的有经验的父亲或者母亲,你会看到他或她认真投入地将沿路的景色指给孩子看。只要你很兴奋(或者哪怕假装有点兴奋),孩子就会被你的情绪感染。

父母课堂

安全感有助探索

虽然你的女儿长大了些,但这并不意味着她不会再询问:"你爱我吗?我安全吗?"事实上,安全感依旧很重要,因为有安全感的孩子最愿意探索。由约翰·鲍尔比和杰出的研究者玛丽·安斯沃斯进行的关于儿童发展的最早的实验表明:那些有"安全感连接"(爱父母并信任他们会始终陪伴在自己身边)的孩子往往是走得最远、最富有探索精神的。[8] 而那些不信任父母或者照顾者会待在身边的孩子就更黏人,更不情愿去玩新玩具或者接受新伙伴。不过,如果你的孩子现在仍很

> 黏人，你也不必感觉不安，因为这里也有性格的因素，有些孩子天生就更加谨慎。
>
> 最能够给他们安全感的，就是让他们知道：只要需要，你就会出现。
>
> 他们会将此视为一种约定，因此可以安心地关注其他的新鲜事物。如果他们对生活本身感到焦虑，就无力去了解新的事物。
>
> 想想你对待昆虫、对待大自然的态度。如果你说："真恶心！讨厌的蚂蚁，走开！"那么你女儿当然也会害怕它们。但如果你说："哇！过来看看这个。"她也会采取和你一样的态度。这并不是说要鼓励她去掏蜘蛛的窝，或者捡起路边的死蛇，但你可以教给她一种敏锐的兴趣，这将让她受益终身。
>
> 其他很多事也一样。了解机械、汽车的内部构造，玩电脑，摆弄工具，做手工，演奏音乐，学习艺术、雕塑、烹饪、舞蹈，喜欢丛林或者海滩——这些喜好都是从你周围的成年人身上"抓取"的。

无须花费的艺术体验

能帮助你 0 ～ 5 岁的女儿学习的东西往往是简单又便宜的。你不需要那些带电池和闪灯的花样繁多的新潮"教育"玩具或者工具。越简单平实，越经久耐用。

只要有许多废纸，足够的铅笔、蜡笔和颜料就能开展艺术活动。纸箱子或装鸡蛋的盒子，旧贺卡和纸质的商品目录册都能够被用在各种创意丰富的游戏中，而且不用花一分钱。你可以逐渐积累起一个相当丰富的创意材料库，以备雨天的不时之需，或者为每天预留一段安静时光。如果每次都拿出点新鲜玩意儿，就能有完全不同的玩法。

再给个提示，每次玩过之后要把东西都收起来，有秩序地放好，并且让你的女儿也帮忙收拾。这样每次开始玩的时候，就不必先愁眉苦脸地收拾昨天的烂摊子。你也可以每次安排不同主题，第一天是蜡笔，第二天是颜料，然后用胶棒粘彩纸。这样一来，就总有新鲜的感官体验。

父母课堂

简单的环境是最好的环境

心理学家金·佩恩（与人合著有《简单养育》（*Simplicity Parenting*）[9]一书）发现了一个重要的原则：

大堆的玩具和材料往往令孩子们玩得更少，因为选择太多了。相反，将几样东西放在方便拿取的盒子里，反而能留出更大的想象空间。如果你孩子的卧室堆满玩具，悄悄拿走几样她不怎么喜欢的，收在盒子或者袋子里，待以后再玩。当你的女儿面对一地的泰迪熊、娃娃，看到满屋子的各种玩具，她会和你一样感到筋疲力尽。而且，说真的，两个泰迪熊还不够吗？三个总够了吧？

衣服

女孩应该有足够多的旧而结实的衣服。这样她们才可以毫无顾忌地玩耍，可以用颜料、胶棒和水进行各种艺术创作，而不用害怕那些工具弄脏衣服或是自己。事实上，小女孩根本就不需要那些精致不耐穿的服装。那些时髦的褶皱装饰对小女孩毫无用处。所谓儿童的时尚，实际满足的是大人的需求。如果你觉得你的孩子穿 T 恤或连体衣还不够可爱，那么你应该少看点时尚杂志了。（给一个小孩子穿上精致柔美的衣服，弄得她手足无措，只能坐在那里扮"乖乖女"，这样的场景多让人伤心啊。）

有位妈妈最近跟我说："我以前会跟女儿说，这裙子真漂亮，或者你真好看。但现在我开始说，穿上你的运动鞋，这样跑起来方便。"

成长记事本

玛蒂尔达不害怕

（这个故事是我的心理治疗老师鲍勃·古尔丁讲给我的。20 世纪 80 年代他在西部学院任教。鲍勃是这个故事中的爷爷，他是个很出色的人。）

两岁的玛蒂尔达在游泳池里玩得正开心，她的妈妈和祖父母在一旁谨慎地看着她。她很高兴地在儿童泳池里玩，但时不时会来到深水区看看。突然，她越过了分界线，一下子消失在深水里。她的爷爷立刻跳下水。他迅速抓住玛蒂尔达，将她从水中拉出来。玛蒂尔达还没有从惊吓中缓过来，脸上的表情很难看，很明显马上就要开始号啕大哭了。但就在哭声爆发前，玛蒂尔达的爷爷做了件很有趣的事。他伸直双臂，把玛蒂尔达举起来，大声喊道："哇！玛蒂尔达会游泳啦！游得真不错！你真棒！"他一边喊，一边笑，显得很开心。玛蒂尔达似乎有些犹豫，她迷惑地看了爷爷一会儿——这个老头儿的做法的确很难被人忽略——然后，她做了件不同寻常的事，迅速将脸上的表情转换为一个大大的笑容，随后和爷爷一起发出咯咯的笑声。

她的妈妈赶过来，把玛蒂尔达抱回水中，和她一起玩。这次经历变成了一次正向的体验。

这种做法会让玛蒂尔达成为一个冒险者吗？我们不这么认为。就这么突然一下栽到水里的确很吓人。但这种经历将教会她面对危险，而且明白笑比哭好。她的大脑已经开始修筑一条通往快速恢复和适应力的道路。

假如泳池没有防护，那么吓唬孩子、不让他们到水边去也是有道理的。（土著父母代代相传地吓唬孩子，说夜晚会有怪物潜藏在火光照不到的地方，因为他们得防止孩子走失。在我童年生活的约克郡，我们也会半开玩笑地谈起妖怪。）让我们的女儿将生命视为一场奇遇，相信自己的能力和判断力，这一点非常重要，因为这意味着她们能够获得更丰富的人生。未来会有女孩子成为潜水员，志愿成为无国界医生，驾驶飞机或者在独立摇滚乐队演奏吉卜赛小提琴。不管怎样，我会努力说服你赞同我的看法。

在玛蒂尔达意外落水之后，如果她的亲人惊惶失措，开始不停叫喊，这个小女孩就会在自己的惊恐中加入亲人传递的信息，认为水很可怕。她很可能会因此惧怕水，惧怕游泳。"要命啊！"她想，"连妈妈都吓坏了！"

她的爷爷提供的直接教导——"看，这很有意思"会从她很小的时候就被应用到很多事情上。我们可以教会女儿用放松舒适的心态应对很多事物，比如动物、运动、大海

> 及图书馆、各种不同的人、夜晚的天空等。这种对世界的爱将伴随她们一生。无论何时，当你为她展示一种新的体验，你都可以在其中加入一些新的热情、一些"看，这很有意思"的心态。这样她就会得到积极的信息。

自然最重要

有一个种着花草，或许还栽着几棵树的花园是最好不过了。一个简单的小房间（或者就是个纸板箱），就能成为可以进出玩耍的基地。花园就更有玩头了，有土有水有昆虫有鸟类，也许你还能给它加一只没有威胁的老狗。

女孩子需要在自然里活动，如果你居住的街区或公寓没有花园，那么就多找机会带她去公园、去乡村、去海边。让她们感受自然粗糙的质地，体验开阔的视野。孩子的眼睛需要远眺，需要吸收自然的光亮，视力才能很好地发育。在高低起伏的地面上奔跑也能让她们的腿变得柔韧和强壮。而藏在灌木丛中或者草木丛生的神秘之地则能刺激她们的想象力。

电脑、iPad 这类东西当然有它们的用处，但对儿童和青少年而言，这些电子装置只会限制他们的感受并且阻碍大脑的发育。它们的画面都是平面和清晰的，因此你不需要移动和调整眼睛的聚焦，这样大脑的平衡和活动中枢就得不到足够的发展。而且，屏幕上的一只小动物，当然不如你能真的摸到还可以拥抱的动物那么有爱。

3岁，需要自由自在

对于3岁或4岁的女孩来说，大脑的需求是玩耍，是天马行空，是自由自在，而非承受压力。有朝一日，这些素质会让她成为一个伟大的科学家，成为老板，成为善于解决问题的人，成为他人的好朋友。她应该始终愿意，并且有能力做"自己的事"。但倘若她被培养成一个表演者——在宣扬"早期学习"的幼儿园，被父母要求学小提琴，或者参与那些以成年人的标准和眼光来打扮孩子的活动（参加儿童选美比赛就是个活生生的可怕的例子），那么她将无法正常地成长，会变得束手束脚，焦虑且缺乏创造力。我们整个国家都曾经历过这种体验，对学龄前孩子有过高要求的学校培养了一大批完全没有创造力的人，他们畏首畏尾，循规蹈矩，只会抱怨。到了6岁或7岁，女孩已准备好接受一些（并非太多）外界要求的正式的学习。她的大脑已经发展到了一个全新的阶段。但如果开始得过早，反而会损伤她的智力，阻碍她成为一个睿智的人。

所以，要谨慎对待任何精心组织的涉及表演或比赛的活动。这些活动只会让孩子对本来喜欢的事情丧失乐趣。最好选择那些孩子很容易共同参与并且可以按照自己的步调快乐学习的活动。

总结一下：2~5岁是一个非常耗费精力的阶段。你也可能感觉被孤立。别觉得自己应该充当孩子全天候的教育指导者，孩子需要有自己的时间，需要白日梦和无所事事的空间，这样才能让想象力得以发展。孩子就是在那些空白的安静的时光中成长的。所以，请关掉电视和收音机，让孩子们可以思考，可以和自己对话，这是他们在玩耍时喜欢做的事。

也别让自己感觉孤单。可以加入一个游戏小组，这样孩子能找到伙伴，你也可以跟其他的妈妈爸爸（也有专门给爸爸设的游戏小组）交流。有时你要学会享受无聊，把自己埋在沙发里，鼓励孩子自己在旁边玩一会儿。你也需要休息。

选择玩具

如果说有什么东西会毁掉女孩良好的开始，那就是玩具。玩具的作用只有两个，要么开阔视野，要么束缚思想。选择让你的女孩玩什么是件非常重要的事，你觉得商业公司已经不再掺和你的选择了吗？坏消息是，情况越发糟糕了。商业公司从未放弃以重磅的市场宣传来引诱孩子们和他们的父母。尤其是通过电视——在电视上，玩具比它实际的样子好很多。下面这篇文章来自葆拉·乔伊，她是一个记者、时尚专栏作家、网络出版人，也是个非常敏锐的妈妈。她写得比我好多了。

行为典范还是反面教材？

文／葆拉·乔伊（澳大利亚《品味生活》杂志编辑）

我的小女儿5岁，她周末给圣诞老人写了份愿望清单。在考拉形状的背包和侦探放大镜之间，她写着想要一个参加化装舞会的贝兹娃娃。她是从插播在《寻找尼莫》的电视广告中看见这个的。这个娃娃穿着华美的外套（即便套在电线杆上也很漂亮），色彩柔和的长发垂在膝盖处，瑟瑟作响。它戴着大圆圈耳环，化着比美国明星卡戴珊还要浓的眼妆。

我一时有些不知所措，因为家里一个贝兹娃娃也没有。我说不清这娃娃身上到底是什么东西让我反感。我讨厌那棒棒糖似的脑袋和噘起的小嘴，我也不喜欢浓妆。但我想，最让我郁闷的是它们穿的衣服。说真的，这些娃娃的穿着简直就是危险信号的代表。为5～10岁的女孩设计的玩具不该这样过分性感。漂亮也罢，难看也罢，聪明也罢，招人讨厌也罢，这些都没关系，但衣着暴露的娃娃只应该给那些找不到真正女朋友的孤独老男人。

第3章
2~5岁：学习探索

  在我看来，这个娃娃传递了过于狭隘的信息。贝兹品牌已成立13年，这就意味着它初始的消费者刚开始建立自己对时尚的判断。一个周末，我在悉尼看见一群这么大的孩子去听艾米纳姆音乐会。我简直找不到合适的词汇来描述她们的穿着。这主要是因为她们身上就只挂着那么点儿布条，而我又不想用"裸体"或者"光着"这样的词来形容她们。这个社会正有一股暗势力倾向于将女孩快速催熟，她们就是第一批受此影响的年轻女子。由此产生的结果，从她们对时尚的选择上就能看到。比裸露的皮肤更让我惊讶的是她们的外表惊人的一致，所有人的打扮都是一样的。一眼望去都是小小的毛边牛仔短裤和荧光色短上衣。十几岁的小孩总是喜欢互相模仿，和你朋友的穿衣风格一样没什么错，但是本该有更多差异和更多自我表达的方式。我记得自己当年模仿过麦当娜、温蒂·詹姆斯和戴安娜·基顿。我也经历过同样的年纪，但是绝不是像现在这样。所有人都完全一样，性感并且雷同。

  我们不能把这一切都归罪于贝兹娃娃或者芭比娃娃，小女孩会受到各种不同因素的影响。但令人失望的是，无论是在玩具货架上还是主流社会中，都很难找到适合女孩的榜样。当她们告别了著名动画片角色朵拉和芭蕾舞鼠，她们的选择就只剩下宾迪·艾文[①]和《哈利·波特》里的赫敏，以及尼克国际儿童频道[②]的少数几个节目，要么就是麦莉、泰勒、赛琳娜或者比伯那样的明星。长袜子皮皮[③]和神探南茜[④]到哪里去了？

  我很容易让步，送给她一个贝兹娃娃做礼物。看到她在圣诞节早上拆开礼物时小脸上洋溢的光芒，是一幅很有诱惑力的画面。但每当我开始动摇，我闭上眼睛，脑海里出现她给娃娃穿上小小的高跟靴、迷你裙和绿色的

---

  ① 宾迪·艾文1998年生于澳大利亚，她的父亲是2006年意外遭刺魟刺中胸口丧生的全球著名野生动物节目主持人、被亲切地称为"鳄鱼先生"的史蒂夫·艾文。宾迪也是她父亲最钟爱的一只鳄鱼的名字。她从两岁起就出现在父亲的野生纪录片节目《鳄鱼猎人》当中，2007年开始主持儿童探索频道节目《丛林女孩宾迪》，受到不同年龄层观众的喜爱。——译者注
  ② 尼克国际儿童频道是美国知名的有线电视频道，主营儿童节目。——译者注
  ③ 瑞典儿童文学作家阿斯特丽德·林格伦的童话代表作《长袜子皮皮》的主人公。——译者注
  ④ 由艾玛·罗伯茨主演的美少女侦探片的主人公，该片讲述了聪慧的少女侦探南茜·德鲁在随父去洛杉矶时，如何在比弗利山侦破一起神秘的影星谋杀案的故事。——译者注

抹胸，还有……呃，我想要的可不仅仅是这些。

我想要玩具制造商多一点想象力，我想要娃娃别那么浅薄。坦白说，我也想要我花钱买的东西能多穿点衣服。

父母课堂

关于娃娃，很有必要多说两句。在史代纳教育[①]体系中，无论多大，无论处于哪个发展阶段，孩子们从来不会被催促，不会被灌输很多想法。他们玩的娃娃是没有脸的，类似简单的半成品，穿着朴素的衣服。但令人惊讶的是，孩子们爱这样的娃娃。跟这样的娃娃一起玩，孩子们就能投入自己的想象力，想象娃娃的模样，以及它们会做什么事，会有什么感受。

这样的娃娃不会让孩子有任何预设的概念。这样的娃娃会在夜晚陪伴孩子睡觉，被孩子们搂在怀中，这样的娃娃可以演绎孩子们所有的梦、所有的想象和恐惧。它们跟贝兹娃娃完全不同。对于小孩子，无论男孩女孩，玩具的品牌元素越少、越自然就越好。

最后，任何没有提及乐高玩具的建议都是不完整的。毫无疑问，如果世间有天才，乐高先生就是一位。应该颁给他一个诺贝尔奖。无论是受欢迎程度及实用度，还是神奇的魔力，没有一种搭建类玩具能与之相比。从婴儿到已经具备技术头脑的青少年，乐高玩具都能从不同层面促进心智发展。而且，只要给女孩机会，她们会和男孩一样爱上乐高并从中获益。

---

① 史代纳教育，一般称华德福教育，是奥地利教育家鲁道夫·史代纳根据自创的人智学理论创建的。华德福教育，简单地说是一种以人为本，注重身体和心灵整体健康和谐发展的全人教育。——译者注

但是最近，乐高也被市场营销的人"绑架"了。这些人认为需要出女孩的版本。听听他们怎么想的：5个曲线玲珑的小朋友，她们喜欢烘焙，爱收拾家，爱装饰品、美发和逛街。这样一个小玩具里也要有性别限制吗？

另一方面，男孩版的乐高有消防船、建筑、汽车、家具、宇宙探索、穿盔戴甲的骑士，还有任意你想做的东西。男孩在乐高的世界畅游，而女孩却只能流连在叫作心湖城的寒酸的小地方（那里没有警察也没有消防员，如果美容院着火了，她们就得去请求男孩的帮助）。当这些新产品面世，自然遭到了女性愤怒的抗议。一位怒气冲冲的作家用一句简单的话就总结了她们的意见：如果确实有女孩版本，那么它就叫乐高！

乐高无疑也做了自己的研究，花费百万，历时多年。他们的首席研究人员在接受一家丹麦报纸的采访时说，他们发现女孩们天生有一种压倒一切的需求——变得美丽。这就是新的女孩版乐高的核心。这里我不想评论他们的发现，但女孩们受到的伤害现在已经非常清楚：我长得怎么样？这是她们最关心的事。如果你希望自己的女儿也对这件事十分关注，那么女孩版乐高就适合你。

因此，一定要给你的女儿玩乐高，但不要是女孩版的，不要粉色和紫色的美发沙龙与咖啡厅。当然，她可能会主动选择这些，但她也可能会喜欢火箭、城堡、枪炮、马、树、卡车和农场。如果你没能给她提供这些选择，那该有多遗憾呀。

父母课堂

让她变得强大

培养强大的女孩要从幼年开始

如果幸运,你会认识一些强大的女性。她们有能力捍卫自己、支持他人。她们从不会被压力吓退。她们是那种在艰难情况下你会去寻求支持的人。她们是如何变得强大的?是生来如此吗?答案通常是否定的。她们之所以变得强大,是因为她们别无选择。

有些女孩在成长的过程中不得不面对巨大的变故和困难,比如父亲或母亲重病、亡故,或者遭遇事故,或者因为战乱必须离开故土。在外部支持和内心资源的共同帮助下,这些女性往往能够发现自己内在的力量。

而我们中的大多数人则是在生活中一次一小步地逐渐变得强大。我们要去新学校,身边没有一个认识的人;我们会去医院,面对针头和血液检查;我们得在全班同学面前讲话或者接受一群人的质询;我们即使疲劳或者生病,也要履行承诺。慢慢地,生活教会我们说:我能行!但还有第三条路,更安全,也可能是最好的路:我们可以被培养成强大的人。我们可以帮助我们的女儿变得强大,为人父母很重要的一部分工作就在于此。不过不是为她们制造困难,而是友善地帮她们学会处理越来越困难的事情。

如何进行?

首先,要让孩子学会帮助他人,成为家庭的一分子。而你采取的方式必须适合孩子的年龄。

- 玛蒂尔达3岁多，她的妈妈始终坚持固定的睡前程序：她得洗脸、刷牙、收拾好自己的东西，然后再讲故事、睡觉。
- 艾米快到上学的年龄了，她的妈妈希望她可以在饭后帮忙收拾，把盘子放进洗碗机，然后把自己的玩具收起来，把脏衣服放进洗衣篮。
- 曼迪已经上小学了，她得照看狗，给它喂食喂水，夜里把它带进屋，每周还要和爸爸一起遛几次狗。
- 十几岁的艾琳每周三次在图书馆工作，好挣够钱参加学校的旅行。
- 大学生麦瑞姆每周三次负责为全家做晚饭，因为爸爸妈妈要加班。

让孩子们承担一些事往往要费些力气和时间，但这种付出会在她们上学或进入青春期后看到效果。那时，她们会自然地觉得自己有能力，并且知道自己是家庭不可或缺的一分子。

如何让你的女儿合作？

当我们要求一个蹒跚学步的孩子做一件事，她们可不会每次都乖乖听话。先从简单的要求开始，看着孩子的眼睛，跟她好好商量。如果她不愿意，给她一个更为坚定的警告。这样做也不是每次都管用，若不管用，我们也别放弃。

有人会大喊大叫，或者威胁，或者干脆放弃。这些做法对孩子都没什么帮助。

想象一下你的孩子表现得非常淘气的情景——不听话，打人，打碎东西和哭闹，把浴室的墙画得乱七八糟——这种情况下，我们应该把她们带到一个不被打扰的地方，比如墙边，或者别的什么小角落，让她们站在那里，跟我们谈谈。如果她们不肯合作，我们就要求她们站在那里直到愿意为止（如果是个非常蛮横的孩子，你可能得把她抱到那里去，并且一直搂着她）。要一直等到孩子说她准备好跟你谈谈了。

下面是3岁的莎拉的例子。

父母：你准备好跟我谈谈了吗？

莎拉：是的（嘟嘟囔囔）。

父母：你说说你觉得自己什么地方做得有问题。

莎拉：没什么地方。

父母：你还需要一些时间想想吗？

莎拉：我打了埃利。

父母：是的，你不应该打人。

莎拉：……（嘟嘟囔囔）

父母：你说什么？

莎拉：她拿了我的娃娃。

父母：那好，我们一会儿可以去跟她谈谈。但是现在说的是不应该打人的事。你觉得应该怎么弥补呢？

莎拉：我想喝水。

父母：现在我们正在纠正你犯的错误。

莎拉：对不起。

父母：你现在愿意去跟埃利说对不起吗？

莎拉：是的。

父母：下次你会怎么做呢？

莎拉：不打埃利。

父母：真棒！你自己想到了好的做法。

有人认为纪律就是对孩子的指责和体罚，但这不是我们的目的。你实际上是想让自己的孩子变得强大；你想要帮助她们更清楚地了解如何面对自己，如何处理自己的感受，并且在有强烈情绪的时候仍然能够清晰地思考。[在我的书《快乐孩子的秘密》(*The Secret of Happy Children*) 中，你将读到更多与"站着想一想"这个方法相关的内容，它对男孩女孩都适用。]10

父母课堂

教她做对的事情

纪律更多地意味着帮助和教导，而非冲突。无论发生了新的状况，还是出现新的机会，你只需要让孩子知道该怎么做。

举个例子：丽莉冲哥哥大喊大叫，想让哥哥从滑梯上下来，让她玩一次滑梯。丽莉2岁，哥哥6岁。丽莉妈妈把她带到一边，让她能冷静下来。

然后她的妈妈说："跟我来，我们再试一次。"

她们朝哥哥走去，哥哥还霸占着滑梯。

妈妈蹲下来，教丽莉说："杰克，请问我能玩一次滑梯吗？"

她替丽莉说了一遍，丽莉知道怎么办了，然后她教丽莉如何礼貌而且清晰地自己说。

下一次，当丽莉又遇到问题，开始抱怨时，妈妈就问她："你有没有大声、礼貌而且清楚地跟哥哥说呢？"

当然，丽莉的家长也要跟她哥哥谈谈，告诉他要分享，要给妹妹玩的机会。他大几岁，需要知道如何与人相处，如何通过合作获得更多乐趣。而丽莉要学的只是：提出要求，不要尖叫！

在教导女儿的时候，应该遵循这样的顺序：

替她们做。

和她们一起做。

看着她们做。

让她们自己做。

父母课堂

一切的关键在于了解需求

每个人都有需要做的事。丽莉需要认识到尖叫除了让人讨厌之外，毫无用处。她需要学习如何清晰恰当地表达自己的意思。对于幼童来说，这是个重大的进步。她6岁的哥哥需要学习聆听他人的要求、解释，与他人分享，并且明白小孩子就是缺乏耐心。而作为父母你需要具备倾听的能力和保持平和的心态，如果没有人教孩子们做对的事，他们的尖叫是非常可怕的。

对待小孩子，教导应该就在"此时此刻"，以"现身说法"的方式进行。而对于青少年，则应该离开当下的情境，通过讨论来进行，而且更关注规则和结果。青少年可能需要弥补他们对别人造成的伤害，或者承受失去某些权利带来的损失，或者得通过证明自己能够坚守承诺来重建信任。

> **父母课堂**
>
> ### 积极的心态
>
> 在我们自己的童年时代，纪律通常是通过叫喊和指责来建立的。整个过程充满愤怒和不快。真正建立规矩的过程不应该是这样，而应该充满耐心和鼓励。这个过程有双重目的：她们最终会变得独立，这是你希望的，也是她们自己希望的。有一天你们会成为很好的朋友，因为你心怀善意地帮她们成为独立的人。

> **父母课堂**
>
> ### 在关键时刻
>
> 立规矩的目的不是让孩子们心怀不满。目的是当某天你不在她身边，或者当你已经永远离开她，她心中仍有支点，能够保持坚强和自信。毫无疑问，有那么一天，你的女儿会身处某处，周围的人们一直在喝酒。有人想让她上他们的车。他们喝得烂醉，信念和底线早被抛到一边，每个人都在笑，她的朋友会说："来吧，跟我们一起！"
>
> 这时，你的女儿会在内心深处找到一个支点。她会说："我不想跟他们走，他们喝醉了。"或者："我可不想出事。咱们叫一辆出租车吧。"
>
> 在工作中，我就遇到过这样的孩子，她们或者她们的朋友因为上了陌生人的车，被拉到荒僻之地，无法求救，被强奸，被谋杀，大脑受伤或者瘫痪。

交谈中，她们总会说："我没想过会发生什么坏事。"或者更真实的情况是："我很困惑，我没办法替自己做主。"纪律会教你如何在压力下仍做出正确的判断，并且清楚地表达自己的意见。它会教你如何建立自己的原则，简言之，就是如何变得强大。

如果你能对你的孩子说"这种做法让我感觉不舒服""这样不对"，那么，将来在某些关键时刻，他们也能这么说。这是每个年轻人都需要的非常重要的礼物。

本章小结

- 这个阶段的关键是探索。你要为你的女儿提供很多可供探究和操作的机会，同时投入你的热情和能量，让她看到她可以对所有事都充满热情，找到乐趣，即使弄得一团糟也没关系。
- 花园很有用，投入自然非常重要。
- 给她穿耐磨耐脏的衣服，这样她才能活动自如。
- 在家里准备充足的纸、颜料和蜡笔。
- 她很有可能是个天生的运动员、科学家、艺术家或者工程师，无论她对什么感兴趣，你都应该鼓励她。
- 不要给她买太多玩具，简化她的玩耍空间，玩耍才会更有意思。
- 自然也许能给她滋养，也许不能。简单的娃娃或者泰迪熊对她来说就足够了，她可以创造自己的游戏。

- 不要给你的女儿买那种强调外表和着装的玩具。事实上,最好避免任何只以女孩为目标的玩具。这个世界在这方面已经做得太多了。
- 要温和但坚定地教给女孩纪律和规矩。确保她们能在自己内心找到支点,在紧要关头,足够强大及有能力。

第4章 Raising Girls
5～10岁：和他人相处

交朋友

朋友对多数人来说都很重要，而对于女孩，朋友简直就是她们的氧气。到了5岁或6岁，大部分女孩开始进入学校，只有朋友才能给她们提供陪伴、安慰和乐趣。当女孩们结交到一两个值得信赖的朋友，她们的父母就可以长出一口气了。

当然，朋友也可能制造痛苦。当你的女儿含着泪水来找你，十有八九是她的社交生活出现了问题。（男孩似乎对这类问题不那么在意。一个小男孩会跟朋友打架——我指的是真的打架——但一小时后就和好如初。而有的女孩则可能周五还在为周一有人不明原因地朝自己皱眉而郁闷。）

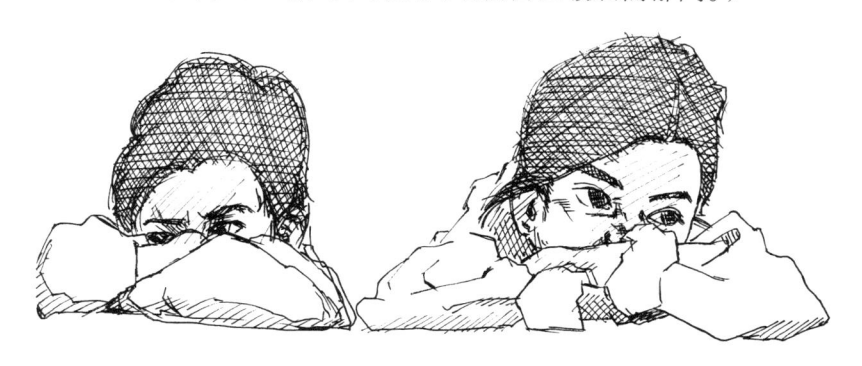

第4章
5～10岁：和他人相处

事实是，人与人之间的关系非常复杂，需要经历数十年的学习才能明白其中的奥妙。你和我都还在学习的过程中。因此，你的女儿一定需要你的帮助。当她回到家，你是她主要的支柱。你要让她明白哪里出了问题，抚慰她的伤口，让她安心，然后送她走入人群，再次尝试。与人相处是我们教会孩子的最重要的事情之一。人生中没有什么比这个更能影响她未来的幸福和成功。在这个章节，我们将帮助你了解建立友谊的技巧，然后，你可以教会她。

友谊是怎样成长的？

小婴儿会对其他婴儿感兴趣，但他们并不会真的在一起玩——爸爸妈妈要好玩得多。幼童时期，置身于玩伴中时，小孩子会非常关注其他的孩子，并且会对自己看中的"目标"付出强烈的感情（对方不得表示拒绝）。但是3岁以下的孩子能好好相处的时间不会超过几分钟（至少，在没人引导的情况下不行），但是他们至少注意到对方了。友谊迈出了漫漫长途的第一步。

到了4岁或5岁，多数女孩可以很好地玩在一起了。她们最喜欢的是想象游戏——幻想和假扮的游戏。在几乎没有道具的情况下，她们能幻想出的魔法世界是非常令人惊讶的。备受欢迎的新西兰表演组合"托普姐妹"在最近的一次采访中，谈到她们20世纪50年代在一个牧场度过的童年。[11] 她们并没有什么玩具，但每人有一根结实的棍子，打磨得很光滑，可以使用多年。棍子的两头各系着一根绳子，当作缰绳，因为棍子是她们的马。她们的爸爸吩咐姐妹俩去牧场的后面检查水槽，会严肃地建议她们"骑马去"，这样能节省时间。完成任务回家后，她们总会把自己的"小马驹"拴在栏杆上。

假扮游戏不只是可以打发时间，它是创造力的基础，书、电影、音乐甚至科学都发源于此。任何事都要先想到，然后才能做到。你的女儿要么和自己，要么和朋友们在一起快乐玩耍，就是对大脑发育最好的锻炼。

一起玩需要有一整套新的技巧。一个人玩的时候，小女孩可以说了算，因为她的泰迪熊不会跟她唱对台戏。但一起玩的时候，孩子们需要共同探讨一个可以分享的幻想世界——没有幕僚，怎么能成为海盗皇后呢？如果你控制欲过强，她们就会反叛，会离开。如果偷听到女孩们玩耍时的交谈，你会发现，她们半数时间都在商讨该由谁来扮演主角。

我们会在玩耍中学习如何跟他人沟通。迈克·古瑞恩在他的《女孩的奇妙世界》(*The Wonder of Girls*)[12]一书中讲过一个他带女儿们去公园的故事。她们一个7岁，一个4岁，都带着自己的毛绒玩具。时间很早，公园里还没有人。两个女孩指挥着游戏场中央的海盗船，玩得非常投入。

突然，一个妈妈带着两个男孩来了。男孩的年纪和她们差不多，他猜一个5岁，一个8岁。男孩们吵嚷着奔到船上，他们的大声喊叫打断了女孩和毛绒玩具的安静的游戏。女孩们站到了船的一头，有些不知所措。她们几次试图重新开始自己的游戏，但是男孩们的控制使她们很难成功。

古瑞恩是研究男孩的专家，他尽力表示理解，但还是非常生气。这个时候，女权主义该发挥作用了（你应该注意到我在上一段使用了"控制"这个词）。应该有人修理一下傲慢的男孩们。但正当他观望着，不确定该如何是好时，有趣的事情发生了。他的大女儿——她是个阿尔法女孩①——跟对方的大哥说了点什么，他们在一起指指点点了一会儿。她跟她的小妹妹交流了一下，妹妹拿了一个玩具给对方的小男孩，然后他们把玩具安置在船头。只一小会儿，4个孩子就安排和开始了一个关于公主、巨人、宝藏以及灰姑娘丢失的鞋子的有趣游戏。他们一起玩了很长时间，非常开心。

男孩们并非成心想掌控局面，这其实也超出了他们的能力，他们只是精力旺盛，无意间干扰了女孩们。让孩子们自己处理这样的情况时（就是说，成年人不要干涉），女孩们就采取了行动——不是争论，而是让男孩参与进来，不仅仅是共享空间，还分享了彼此的想法。这样创造出来的游戏比单独

---

① 阿尔法女孩，也称 α 女孩，即 Alpha Girl，指许多方面的能力和表现都在同龄男性之上的年轻女性。——译者注

一个男孩或者女孩的游戏要有趣得多。女孩的想象力与男孩的热情相融合，对他们的未来有很多好处。

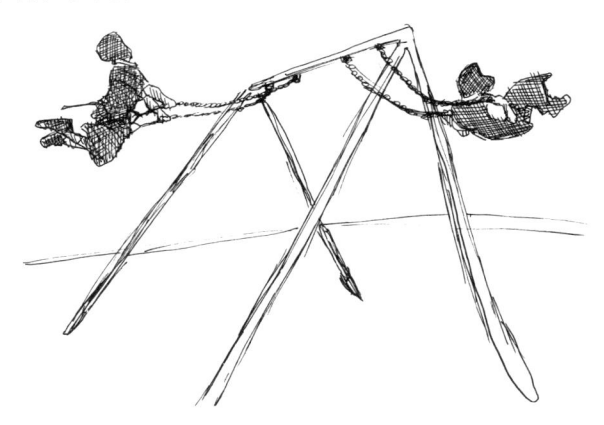

当友谊出现问题

除非孩子已经想尽办法，否则父母没有必要干预。当她们流着泪抱怨"没有人愿意跟我玩"时，跟她们一起讨论和商量，总能找到解决的办法。那么，是哪里出了问题呢？你可以教给她分享的重要性以及如何让别人在游戏中也享有话语权。

情况有时候会很棘手。无论大人还是孩子，都会惊讶地发现，小孩有时候会变得相当无情和粗暴，但这只是因为他们还没有学会掩饰自己的情感。他们有可能会表达出强烈的憎恨，但持续时间很短，很快就原谅对方，事情也就过去了。除非出现暴力威胁，或者某个孩子跑来求助，否则我们没必要干预。即便要干预，也要避免倾向某一方，而要给孩子们机会冷静下来，重新找到各自的位置。他们通常会很快和好，继续游戏。

到了小学的最后几年，女孩间的友谊开始有深入的发展，成为一种真正的情感分享。通常她们要么会有一个特别的朋友，要么会形成关系密切的三人小组。友谊会在10岁左右开始深入地发展，因为朋友是我们脱离对父母的依赖的漫长过程中的一部分。成年后，我们不是变得完全独立，而是开始依赖更多的人。

对女孩来说，友谊的发展表现在她们开始分享秘密。5 岁以下的孩子什么事都对所有人说，有时会非常尴尬。从 5 岁到 10 岁，大多数孩子会对家庭成员非常忠诚。比如，在心理咨询过程中，这个年龄段的女孩绝少会透露妈妈酗酒或者爸爸脾气暴躁之类的问题。但到了 10 岁左右，女孩子开始站在稍远的位置，对家庭有更清晰的看法。到青春期过半的时候，女孩会对朋友坦白她们对家人最担心的问题。朋友将是这个阶段的女孩获得安慰和支持的重要来源，因为这时候她们和我们之间会发生一些不可避免的、健康的冲突。正如小学时期我们就朋友问题给她们安慰一样，到了中学，她们的朋友会就我们的问题给她们安慰。

共同面对困难是连接的一部分，以至于安全感充足的女孩会编造问题（天哪！我的父母还是总把我当小宝宝看），以此来表达对一个在家庭中真的承担很大压力的朋友的支持。

小学时期交朋友主要是为了互相陪伴和获得快乐。到了十几岁，朋友还有让自己获得共鸣和提供情感支持的作用。

> **成长记事本**　　　**不一样的朋友**
>
> 有时候，女孩会与跟自己完全不同的人做朋友。游戏专家和心理学家迈克尔·汤普森讲过一个经典案例。[13] 一个时髦的酷酷的 12 岁女孩的父母正在闹离婚。她会跟一个专心学习、不善交往的女孩做朋友，因为这个女孩情绪稳定而且对人体贴。她们在一起玩森林寻宝、公主和白马的游戏。对这个酷女孩来说，获得这样的关系是一种巨大的解脱，因为自己能有一个耐心的朋友，这个朋友对男孩、对穿什么

第4章
5～10岁：和他人相处

衣服以及自己是否受欢迎并不太关心。她的那些时髦的朋友对这种关系感到困惑。但对这两个女孩来说，她们的不同滋养了彼此，对于"我能成为一个怎样的人"，她们都看到了更大的可能性。互补的朋友——她们彼此的差异为对方提供了不同的力量——比和自己一样的朋友能给女孩带来更多东西。就算这段友谊维持的时间不长，也能让彼此获益和成长。

建立友谊有哪些技巧？

和其他能力一样，建立友谊的技巧也是从婴儿时期开始形成的。妈妈和婴儿之间安全感的连接构成了坚实的基础，使孩子具备信任他人，能够去爱以及与他人建立亲密关系的能力。如果你的女儿跟你很亲密，她就会知道怎样和他人亲密相处。

有的时候，你的女儿想要交朋友的那个女孩有可能在童年缺乏安全感——妈妈表现得冷淡，压力很大，或者抑郁——这样的朋友可能会将这些"问题"带入朋友关系中来。一个缺乏安全感的女孩可能会表现得很黏新朋友，或者根本不愿跟别人分享朋友。或者她会很霸道，控制欲强——要按她说的做，去她想去的地方。也许,当一种稳固的友谊得以成长时,她会克服自己的这些问题,但通常的情况是,我们的女孩会觉得这样的朋友要求太多,想要逃跑。如果你女儿是那个缺乏安全感的孩子,那么在准备好与同龄人交往之前,她先得从你这里获得更多的亲密感和友谊。爸爸或妈妈是女儿的第一个朋友。

检查一下你自己的行为,跟你的女儿在一起的时候,你是否平静、稳定,给她足够的陪伴?有些女孩比其他人需要更多的确定性和安全感。有些妈妈(或者爸爸)比较极端,一时非常投入,一时又心不在焉。这样会导致他们的女儿很快为自己竖起屏障,因为她们觉得这种情况太难应对了。但也要放宽心,人无完人,你和你女儿的关系,跟她所有的朋友关系一样,也是她学习如何克服困难、消除障碍的机会。

关于如何做他人的好朋友,有 7 条核心技巧:

1. 享受彼此的陪伴。放松身心,将与朋友在一起的时间看成是一个获得乐趣的机会。一些女孩刚开始会害羞,只需要一些温柔的鼓励,她们就会敞开心扉。

2. 学会分享。这意味着若想获得朋友陪伴的快乐,就不能只顾自己,要有所放弃。告诉女儿和别人一起玩会很开心,但是她得放弃一点点自己的需求。

3. 有同理心。能够站在朋友的立场想象朋友的感受。当朋友在游戏中获胜或者表现出色时,替朋友高兴。这是一项不太容易学会的高级技能。

4. 控制攻击性。当与别人意见不同时,不尖叫、不动手。在争论中失败时不大发雷霆。

5. 犯错或者伤害了朋友的感情时要道歉。

6. 能够觉察别人的情感。能发现朋友在生气、难过或者害怕,并且相应地调整自己的行为。你可以画出微笑的、皱眉的、流泪的和不安的面孔,教女儿认识它们,并且运用在实际场景中。

7. 知道什么时候可以信任或相信别人,什么时候不能,并且能够明白人有时会因为某种原因而欺骗别人。当发现朋友撒谎或者欺骗她时,你的女儿会感到震惊和受伤。你要安慰她，告诉她总是有人不了解诚信的价值。不必因此丧失信心，只是要更加小心。

以上这些情况迟早都会在你女儿的日常生活中出现。当她受到伤害或者感觉迷惑，向你寻求帮助时，你可以先确认她需要学习的是哪一项技能，倾听她的感受，然后告诉她如何在实际生活中运用这些技能。这样的学习不可能一蹴而就，因此要在接下来的几天或几周关注她的状况。即便是成年人也不一定做得对。因此，我们要尊重她需要掌握的巨大课题，对她取得的哪怕一点点进步都要给予认可和表扬。

父母课堂

同龄人集中地

谈论女孩的朋友时，我们自动将其假定为与女儿同龄的女孩。对于这种状况，我们也许可以归罪于学校，也可以归罪于我们的生活环境中已经找不到真正意义上的社区。在过去 50 年中，女孩的社交选择已经被缩减到小家庭和学校同学，这可不是什么好事。理想状态中，女孩需要与年轻女性做朋友，比她们大 5 岁或 6 岁，精明，也充满年轻的活力，因此能够与她们相互理解。女孩也需要与五六十岁的女性做朋友，像祖母那样稳定、智慧、给人安慰。女孩也需要仰望她们的小朋友，通过为她们提供保护和安慰，女孩可以获得帮助他人、被人依靠的乐趣，也因此不过度以自我为中心和自怨自艾。女孩还需要不以结为伴侣为目的、没有性企图的男孩或者男性朋友，这样她们就能够释放自己在性别方面的焦虑，并将自己视为一个更加完整的人。

发展这些关系的机会来自你们的邻居，你们生活的街区和城镇，也来自你们作为她的父母所选择的社交和娱乐生活。（对于正在成长的孩子来说，缺乏归属感和参与度的平淡的郊区生活可能是非常孤单和

> 乏味的。）参与教堂活动、运动小组、社区项目或者某个活动组织能够提供机会，让她认识这样一些朋友——她们不关心体重、时尚、男孩子，而且非常快乐，充满活力。女孩应该置身于能够激励她们、需要她们参与和投入的人群中，这种体验能帮助她们建立一种完全不同的自信。

成为她交朋友时的榜样

与大多数生活技能一样，榜样的力量是你能为女儿提供的最好帮助。如果一个女孩的妈妈在社交场合中会主动与人交谈，很喜欢和别人交流，并且表现得很开心，女孩就会知道如何与人交往，以及交往会带来愉快的感觉。一个阴郁、不愿意与人交往的妈妈是无法向女儿展示这些技巧的。不过，如果你或者你的女儿天性害羞，就不要勉强，首先应该让自己觉得舒服。爸爸通常会具备与妈妈不同的社交技巧，女孩会观察父母以及其他重要家庭成员的行为，通过排列组合形成自己的社交方式。

分享往往是通过与兄弟姐妹的相处学会的。如果你的女儿是独生女，你就得在家里教她并帮助她练习这些技能。耐心而坚定地教她学会与家人相处，强调尊重、温和、分享以及平静地解决分歧。那么她今后进入学校或者更大的生活圈时就具备这些能力。如果她对你粗鲁无礼，她也会对别人粗鲁无礼，而其他人可不会像你一样对她那么宽容。因此学会尊重对她非常重要。

同理心是从他人向你表达情感的经验中学到的。经常表达感受，让你的表达与你女儿的感受相吻合，尝试体会她的感受，花时间了解她的心情。在女孩小的时候，你会发现她对自己的娃娃和泰迪熊也做同样的事，会安慰它们，给它们"疗伤"。这是个好现象，说明她在现实生活中也是一个体贴的朋友。

能够表达自己的意见对你的女儿非常重要。在商店里，在家里，如果你不开心时能够说出来，你的女儿就会学会怎样做。如果她在学校遇到了麻烦，你可以帮她排演该说什么话，该如何清楚直接地表达自己的反对意见。

如果你是个安静温和的人，为人父母的角色可能会要求你变得更强硬一些。看过电影《橙子和阳光》吗？女主角玛格丽特是一个内心温柔的社工，同情心让玛格丽特为了她负责的孩子们的权利与政府和教堂做斗争。强大不一定就是声音大、力量大，你只需要清晰表达，并且永不放弃。

比如，当你和你的伴侣发生冲突，留意一下自己是否会生气或者提高音量。你的女儿需要看到你如何在紧张情势下保持冷静。如果你总是情绪失控，那么她要么会选择跟你完全不同的处理方式，要么就会成为跟你一样的人。

最后，如果能坐下来跟你的女儿一起谈谈"如何成为他人的好朋友"，那就再好不过了。把她能想到的都写下来，然后，你可以问她：

- 你认为自己是别人的好朋友吗？
- 谁是你最好的朋友？为什么？
- 你是否会觉得随着年龄的增长，自己成为他人好朋友的能力也在增长？
- 在"做别人的好朋友"方面，你觉得最大的挑战是什么？

这些方面，都是很有必要让她在成长过程中意识到的。

朋友可以成为力量和身心健康的重要源泉。建立强有力的亲密关系的技巧是你能教给女儿的最重要的能力之一，值得你花费时间。这样，在你离开她多年以后，她依然能够从你的帮助和建议中汲取善意和耐心。

> **父母课堂**
>
> **一个大型文法学校顾问的话：如何谈论友谊、谈论女孩？**
>
> 作为学校的一名顾问，我常常会在女孩们的关系出现问题时被召唤。在小学，这种情况往往在四年级时达到顶峰，但有时也会在三年级就集中出现，有时则会延续到五年级。在这些时间段投入精力是非常有好处的，否则这些问题会在八、九年级时卷土重来。
>
> 很不幸，孤立、排斥、白眼、嘲笑和指指点点在学校里天天都会发生，这往往只是因为一两个孩子不开心，而做出了这些伤害他人的行为。我们得让所有的女孩拒绝参与并抵制这样的行为，绝对不能让卑鄙和刻薄蔓延，否则我们很快就会失去愉快的环境。
>
> **怎么办？**
>
> 作为预防措施，也作为问题开始变得严重时的一种回应，我们会安排一些特别的聚会来讨论"做朋友"这个话题。我们会谈论友谊的含义，谈论我们在朋友关系中应该做什么。还有，每个人都不一样，但人人都需要被接纳、被关怀。
>
> 小组成员会围成圆圈，每个小组的指导老师都对女孩之间的关系变化非常敏感，而且不会将它们随便称为"女孩的事儿"。
>
> 刻薄的欺负人的行为将得到直接和公开的讨论，这样大家就能学到阻止欺凌和避免伤害别人的方法。
>
> 成年人需要了解女孩及她们的同龄人的状况，不能认为那是"她们的世界"，因为让这么大的孩子自己解决问题是不现实的，往往也是没有效果的。

第4章
5～10岁：和他人相处

> **成长记事本**
>
> ### 你只能做我的影子！
>
> 8岁的艾米丽希望她的朋友安娜只跟她一个人玩。如果安娜想和别人一起玩，她就会指责她不是真朋友。安娜很焦虑，不敢告诉艾米丽她喜欢足球，常跟一大群孩子一起踢球，她很害怕失去这份她在多数时候还是很享受的友情。
>
> **怎么办？**
>
> 先提出问题：我们如何满足每个人的需求？
>
> 如果在过程中能得到帮助，女孩们是能够回答这个问题的，还能做出不错的安排。在前面这个案例中，女孩们设计了一个方案：周一和周三，安娜跟一群人踢足球，艾米丽和其他女孩能接受这一点，相信安娜这样做不是要将她们拒之门外，安娜依旧重视她们的友情。周二和周四，艾米丽和安娜可以一起玩手球。

> **成长记事本**
>
> ### 不受欢迎的"媒人"
>
> 为了提升自己的人气,10岁的玛雅午餐时间都在男孩们和女孩们之间窜来窜去,谈论着谁喜欢谁,向整个班级的同学通报这个女孩和那个男孩是女朋友和男朋友。大家的议论让被提及的女孩觉得非常尴尬,好几天都不愿意去上学。最终女孩的妈妈发现了问题所在,并且找了老师。老师对班里的同学说,五年级就交男女朋友太早了,大家最好还是保持普通的友谊。
>
> **怎么办?**
>
> 学校顾问和玛雅见了面,通过讨论,发现玛雅在学校感到孤独,她很难获得友谊。她觉得那样做或许是能被其他女孩接纳的一个办法。于是,顾问开始和玛雅一起寻找更容易成功建立和维持友谊的方法。

父母课堂

阿尔法女孩

在任何一所学校,都有这样一群阿尔法女孩,她们更加自信,善于表达。而班里其他女孩则相对谨慎温和,在采取任何行动前都会先

> 审时度势。如果老师对这样的态势没有觉察和反应，那么阿尔法女孩就会一统天下，她们会得到班级里最好的职位，在表演中获得明星角色，会游说老师让事情向有利于她们的方向发展。这种状况会让其他女孩非常不舒服，并且导致各种不公平的现象。
>
> 　　老师是否能够平衡局面非常重要。老师要确保每个人都得到公平的对待，没有人被忽略。老师应该时常调整角色与职责，安排不同的活动，使拥有不同性格和特长的人都能得到重视，比如除了聪明，还有细致、安静和缓慢。不是每个人都想成为阿尔法女孩，但是每个人都需要得到公平的对待。

感受是如何工作的？

　　感受或者情感（我们会交替使用这两个词）是与人相处时的指南针。我们需要具备两类技巧：首先，了解我们自己的感受，倾听它想告诉我们什么；其次，了解其他人的感受，这样我们就知道该如何对待他们，如何关心他们，甚至如何远离他们。

　　如果你能听得懂感受想要说的话，你就能更好地将这种知识教给你的女儿，让她变得更加自信和强大。

　　人类有上百种不同的感受，但与社交相关的主要的感受非常简单，只有4种：恐惧、愤怒、悲伤和欢喜。它们就像指南针上的4个方向，帮助我们了解如何照顾自己：

　　感觉害怕时，我们会变得谨慎；

　　感觉生气时，我们会维护自己的权利；

　　感觉难过时，我们会回到内心，反省和沉思，我们可能希望拥抱别人或者被一个能给我们安全感的人拥抱；

感觉欢喜时，我们会放松，会赞美，精力也得以恢复。

这4种感受经常混合在一起，就像彩虹的色彩。但通常在内心深处，我们一次只有一种感受，觉察到自己的和别人的这种感受会非常有帮助。

大多数生物都有感受：蜜蜂会愤怒，鱼知道害怕并且会飞快地逃离危险，大象和猿会感到悲伤和哀痛。我们人类的情感最为复杂，但这些情感都是基于上面提到的4种基本感受。

情感可以成为一种非常强大的引导系统，就像GPS一样，你可以通过它们来了解和帮助你的孩子。问问自己："他们现在是什么感觉？"（他们的表情、行为，他们说的话向我们传递了怎样的内心感受？）询问他们的感受，让他们具体说出自己的感受，让他们告诉你他们的世界里发生了什么。如果你足够耐心并且得到了他们的信任，能跟他们一起详细讨论，那么你就可以带领他们找到这些感受的根源。但首先一定是觉察这些感受，有时对你的女儿来说，什么也不做，只要把这些情绪发泄出来，她就感觉好多了。

恐惧——倾听你的直觉

多年以前，美国的一个连环杀手在杀害了很多年轻女子之后终于被抓获。在他被捕之后，警察惊讶地发现：曾经有许多女孩遇见过这个杀手，但没有跟他走。询问原因时，她们的说法都是"我感觉不好"或者只是"我不知道，我只是觉得有点不对"。这些女孩倾听了自己身体发出的信号。因为听见了自己的恐惧，她们挽救了自己。

多数女孩天生富有同情心，乐于助人。想要伤害她们的人会利用这一点，玩弄她们的同情心，比如对她们说："我在找我的狗。"或者："我不舒服，你能帮帮我吗？"

倾听自己的感受和内心的声音，并且信任它们，这是强大的女性所具备的技巧。告诉你的女儿她的内心会说话，并且教她如何倾听自己内心的声音。

跟她分享你自己的故事，看她是否也能想到一些听见自己内心声音的例子。

父母课堂

女孩和阿斯伯格综合征

那些不能了解感受的人（比如患有阿斯伯格综合征或者某种程度的孤独症的人）会觉得别人非常奇怪。他们会跟已经表现得很厌倦的人说个不停，或者对陌生人表现得很友好，滔滔不绝地跟他们说话。他们可能意识不到某个人（比如自己的妈妈或者兄弟）现在很难过，即便这种情绪对外人来说都已经表现得非常明显了。

患阿斯伯格综合征的女孩往往会通过理性的思考来弥补这一点，因此女孩不像男孩那样容易被诊断出来，男孩很难隐藏自己的问题。

阿斯伯格综合征的严重程度各不相同，因此你要留意这些迹象：你的女儿觉得别人很奇怪，无法理解；她不知道该怎么做才好，在完全没有必要的情况下，她也表现得非常焦虑；或者，在与人沟通方面，即便她已经竭尽全力，依然显得非常勉强。

这个问题的解决方法与帮助那些被误认为不是孤独症的女孩的方法一样：帮助她们理解感情的"语言"，通过逻辑推断以及逐渐积累的生活经验学会在社交中感觉舒适。只是她们需要更多支持，在那些普通孩子可以自行理解的问题上，她们需要更多的解释。幸运的是，患阿斯伯格综合征的孩子往往非常聪明，他们拥有"计算机般的大脑"，以此来承受自己的特殊状况。他们能通过逻辑思考来判断在社交场合该有怎样的言行，以及如何了解他人的感受。事实上，相比那些只靠直觉行事的人来说，他们有时会显得更加敏感和善解人意。不要羞于为你的女儿寻求专业帮助，来帮她学习良好的社交技巧。

> **父母课堂**
>
> ### 一个密语
>
> 从5岁开始,你的女儿有时会脱离你的保护,到别人家去。你需要知道她是否安全。一个办法是跟她约定一个"秘密单词"或者句子,这样她可以在给你打电话时使用,让你知道她感觉不对,或者有什么事让她觉得不舒服。在任何有需要的时候,你和她都能认真地记起这个密语以及它的用法。比如她会要求给你打电话,告诉你"我的鞋子不舒服"或者"我今天看见了一只老鹰"(一个你们俩一起编的暗号是最合适的)。这样说的意思就是:快来,快把我带走。

这是一种微妙的平衡:你不希望她害怕门外的世界,但是鉴于全世界的孩子们都处在一种不确定的环境中,你们需要保持警惕。

以一种平静、坚定的方式教给她这些方法,用日常生活中的事情来举例:"你看那个人嘴上虽然在笑,眼睛里却毫无笑意。"女孩们需要具备一定的观察力,并且知道不同的人有不同的动机,如果感觉不对,就应该立刻离开。

愤怒与强大有关

愤怒也是我们保护机制的一部分。如果使用得当,愤怒并不意味着喊叫、打人或者举止粗鲁,愤怒应该是一种强烈的感受,令自己不被他人左右。如果你的女儿在自己身体上发现这些迹象——肌肉发热、紧张、紧咬牙关,或者皱起眉头——那么她就知道"我正在被迫做我不喜欢的事",或者

"这些人的言行非常卑劣，我不想让他们这样对我"。

对愤怒最迅速，也是最佳的处理方法是把愤怒说出来。教会你的女儿以坚定的语气说"我不喜欢这样"，教她仰起下巴，怒视对方，说："离我远点！"或者瞪着那些侮辱她和伤害她的人，离开他们。和她一起做一些实际的练习，教她如何让自己看起来或者听起来态度强硬。如果惹她的是一个朋友，她可以比较温和地表达"我不想这么做"，或者"不，不行"，但一定要说到做到，而且有时候可能需要反复表态"我已经说了我的感受了"。当然，如果你有时能示范这些行为，她自然就会在需要的时候模仿你。

当我的女儿刚上小学的时候，老师告诉我她是唯一一个愿意跟男孩玩的女孩。我非常为她骄傲，因为这说明她适应力强而且愿意尝试。我并不确定这是否因为她喜欢男孩子们摔摔打打的粗暴的方式，但是不止一次，当我从停车场经过学校附近铺满落叶的操场时，会听到她大声且清晰地说："我不喜欢这样！"她能和男孩一起玩，是因为她知道如何将他们引到正确的方向上。

难过是真实的

难过是一种比较安静而且更指向内在的情感。愤怒和生气是有关外面发生的事情，而难过则是关于内心的改变。当我们感到难过，我们最重要的需求是被理解。安慰她，给她时间表达，让你的女儿有机会接纳并排解自己的伤心和失望。作为父母，我们往往不想看到自己的孩子难过，所以我们会用美食，或者用玩笑将她带出这种情绪。但更好的方法是相信孩子与父母心心相通，过一段时间，难过总会过去的。

在女孩的生活中，难免有这样那样的事使她难过。学校里的朋友让她失望，她喜欢的人搬走了，老师食言了，在路上看见死去的小动物，或者新闻里很糟糕的事，都会令她心碎。我们无法改变这些事，只能逐渐学会理解。

你的女儿也需要经历同样漫长的过程，这可能需要很多年，你也急不得。

这个世界本来就是个伤心地，如果孩子们可以悲伤，他们就能够抗得住。而我们只要陪在他们身旁，让他们知道：你不必独自承受这种悲伤。

欢喜

欢喜是一种需要培养和赞扬的情感。在某些文化中，人们从不会放弃任何一个庆祝快乐的机会。大家会调高音乐的音量翩翩起舞，会抱起孩子和他们一起旋转，会拥抱，会和孩子们横七竖八地躺在沙发上，会在众人面前举止滑稽，会在公园里或海滩上玩闹，会使劲儿地亲吻孩子们或者没完没了地挠他们痒痒，会买冰激凌，会在车上歌唱。

庆祝那些让我们快乐的事，但是别只因为许多礼物，而是因为那些小小的、值得纪念的好时光。

教你的孩子学会笑，学会舞蹈，学会自由和疯狂，这样她获得快乐的能力就会得到发展。如果难过是生活中无法避免的一部分，那么它的解药就是快乐。快乐确保了在她的内心永远有个地方是幸福的。

关爱与结盟

在我们对婴儿的理解中，有一个核心概念叫"连接"，这是一个形容妈妈和孩子的关系的专业词语。有的婴儿与母亲有安全的连接，有的则没有。这种模式会一直延续到我们成年以后，如果我们在还是婴儿的时候没有学会爱，那么我们成年以后也会在这方面有问题。然而，在60多年的针对连接的研究中，没有一个人问过关于性别的问题——连接对男孩和对女孩有差别吗？

当我们开始探寻这个问题时，就有了令人惊讶的发现。[14] 没有安全连接的男孩会逃避或者不信任妈妈。这是一种简单的自我保护：我需要她的时候她不在，所以我也不让她了解我的感受。但是许多女孩的反应却大不相同。当她们的妈妈表现出抑郁、疏离，甚至愤怒时，这些女孩，哪怕还只是小姑娘，都会更加靠近妈妈，试图安慰她。

这种做法显得很可爱，而且，如果妈妈能从中恢复，那么这种做法也是很有意义的。但它同时也有长期的风险。当面对冲突或者危险，大多数人的反应是"或战或逃"，他们的身体会分泌很多肾上腺素，时刻准备逃离危险，但是那些没有安全连接的女孩却会采取"关爱与结盟"的方式。她们也非常焦虑，但不会远离危险，反而朝着危险走去。由此产生的一个非常重要的后果是：得到充分的爱的孩子会被平和、温暖、善解人意的朋友和伴侣吸引，而采纳"关爱与结盟"模式的女孩却更愿意跟焦虑或压抑的人在一起，因为这些人无意间让她们想起了妈妈。这些女孩会有一种强烈的信念，认为自己有责任寻找那些情绪起伏不定、有暴力倾向的人，并且试图修复他们。我想我不必再详细描述这种状况可能产生的问题了吧。

"关爱与结盟"的方式也有优势。在工作场合，女性管理者更容易化解冲突，能够怀抱同理心倾听各方面的意见。这是一种很棒的技巧，能让家庭幸福，也能让世界和平。我们非常需要这方面的能力，男性也需要学习。但这应该是一种谨慎的选择，而非必须要做的事。如果它成为亲密关系中一种无意识的模式，就会带来伤害。

如果你的女儿经常扮演和事佬的角色，你可以肯定和欣赏她的这种能力，但要确保她在必要的时候也会表达愤怒，在需要的时候能够维护自己，并且不被朋友利用。如果你发现女儿在这方面有点过了，要鼓励她问问自己：我为什么想要这样？你要鼓励她变得更加坚定和自信。

> **父母课堂**
>
> ## 避开无用的朋友
>
> 给你的女儿提供一些直接的建议，教她如何识别和避开有风险的朋友，这对她非常有用。比如：留意你是否会为了留住朋友而改变自己。只为了满足对方，你就得做你完全不喜欢、不愿意做的事。如果你在友谊开始的时候就这么做，那么你就得一直这样才能维持这种关系。这样做不值得，最好从一开始就避免。真正的朋友愿意做一些让步，或者大家轮流来。
>
> 有时你会遇到脾气乖戾的朋友，你会觉得是不是自己做错了什么导致他总是暴躁易怒，于是你总是围着他转，试图改变这种状况。有时，脾气乖戾其实是一个人的常态，很难改变。你要避免被他弄得筋疲力尽，还是放弃他，去结交些令人愉快的朋友吧。

> **父母课堂**
>
> ## 女孩和运动
>
> 运动对女孩有很多好处：有助于跟人交往，有助于身体健康，有助于建立自信和宣泄过盛的精力。运动是对我们身体能力的赞美，同时也能增强这些能力。运动是健康女孩生活的一个重要部分。在运动方面，我们能做的事非常多。

学龄前

5岁之前,最好的运动就是单纯玩耍。带孩子们去能到处跑的地方,去公园、去乡村、和朋友一起去海滩,或者就是在花园里野餐。这样能鼓励他们变得活跃,并且参与各种游戏。像芭蕾课、运动课这种针对小孩子的有组织有计划的运动需要你先进行谨慎的考察。因为事先安排好的课程总会伴随压力和竞争,而这些对于这么小的孩子来说还太早。虽然这类课程有时候也会以很有趣的方式进行,但总的来说,非正式的玩耍是最好的。

参与游戏小组对幼童来说是非常合适的,因为无论是爸爸、妈妈还是孩子都能在一个充满欢乐的环境中找到同伴,学到新的技能。而且这种活动不需要什么花费,也毫无压力。

青春期之前

10岁之前,女孩们对运动的态度是非常开放的。因为她们的自我意识还不是很强烈,不会过度关注自我。在这个年龄段,她们与男孩能力相当,协调性或许还略胜一筹。在青春期之前,女孩参与的运动越多越好。不同的运动有助于骨骼、肌肉的生长以及体态的发育,也能带来很多快乐。

游泳和攀爬类运动有助于上半身的发育,舞蹈和滑冰类运动能帮助发展平衡能力。团队运动能提供有氧运动和下肢力量训练。有的女孩很喜欢团队运动,因为其中充满刺激和乐趣,也能交到朋友。但如果你的女儿实在不喜欢团队运动,也有很多个人项目可供她尝试,比如田径或者举重。如果更有创意一些,你还可以为她选择舞蹈、瑜伽和体操,这些都能让她享受到运动的乐趣。

通过在各种运动中积累的技巧，你的女儿在上学之后，或者成为一个年轻人以后，会拥有非常多有趣的娱乐活动。我们的目的是快乐，所以要警惕那些容易焦虑、过于看重运动表现并且会将这种压力传递给孩子的教练。压力容易让人受伤，因为孩子们在活动和拉伸的时候，会因为压力而做出超出身体容忍度的动作。选择温和的运动和温和的教练，他们应该只把运动看作孩子生活的一部分，而不是全部。在这个年纪，你对她的期望使她喜欢她选择的运动，并且愿意继续下去。

青春期

10岁以后，运动开始给一些女孩带来挑战。如果在幼年时就对运动产生浓厚兴趣（尤其是来自父亲的影响），这会很有帮助。但仍然会有些非常擅长运动的女孩突然不愿意再参与体育运动了，而且不肯说明原因。这通常是因为自我意识的觉醒。我们把女孩们搞得过于紧张，非常在意自己的外表是否完美。一方面，运动非常容易让人意识到体形和个头的差异；另一方面，由于大脑在13岁左右会进行"重组"，所以这个阶段容易出现手脚不协调、不听使唤的情况。

最糟糕的是，很多女孩在这个年龄会开始节食。这个年龄是最不适合节食的时候，因为青春期时身体迅速生长，对钙（每天至少需要1200毫克钙）和能量以及维生素、其他矿物质的需求非常大。有的女孩已经开始月经初潮，铁的摄入就非常重要。锻炼能加强骨骼力量，可以帮助你应对60岁以后骨质疏松症的威胁。在这个年纪，锻炼对骨骼成长的帮助比任何时候都大。

第4章
5～10岁：和他人相处

所以，这个时候应该帮助你的女儿找到一两项她真心喜欢的运动，帮她扫除运动中的各种障碍。也许你可以接送她，或者给她当教练。这样你就能作为一个成年人在运动中陪伴她，给她和她的朋友们提供支持。因为在这个年纪，除了父母之外，孩子们也需要有伙伴，需要与其他人交流并互相学习。

同时也要警惕风险——过分重视运动，因为十几岁的女孩很容易丧失自己的判断力。如果你的女儿对运动很狂热，要确保她有休息日，没有超负荷训练，饮食健康并且放松。让运动成为一种乐趣，可以去海滩，可以去花园玩球，不要太强调输赢。多年前，澳大利亚议会曾经对国家体操队的过度训练展开调查——训练使年幼女孩的身体承受了巨大的压力，导致青春期延迟，到20多岁才有月经初潮。这可能造成永久性的损伤。因此，一切都在于把握平衡。

如果你的女儿就是不喜欢运动，那么可以试试舞蹈、徒步、皮划艇、滑板、钓鱼这类活动。这些活动都没什么竞争性，可以独自进行，同时也能让人享受到运动带来的乐趣。如果她比较害羞，或者就是喜欢玩电脑游戏，那么说服她参加运动可能比较困难，但是不要放弃，要努力帮她找到让身体享受快乐的方法。

运动应该是愉快的，可以与人交往，并且没有太多"要赢"的压力。要确保在运动中为她提供指导的成年人身心健康并且懂得平衡。如果不是这样，那么就换人，换到另一支运动队去，或者换一种运动。你自己也要参与其中，这样才能了解和关注到她的朋友们，因为不是所有孩子的父母都懂得如何给他们提供帮助和支持。

> **父母课堂**
>
> ## 青春期会带来什么变化?
>
> 女孩开始进入青春期的平均年龄是 10 岁,当然这也因人而异,有可能在 8~16 岁。帮你的女儿为青春期做好准备是非常重要的,这样她才能有积极的态度、成熟的心态和充足的知识。
>
> **乳房**
>
> 多数女孩青春期开始的第一个迹象是乳房的发育。通常的表现是一侧或者两侧的乳头下面出现一个坚实柔软的包块。在 6 个月之内,这种状况会在两侧乳房都出现,并且包块的区域会扩大到超出乳晕(乳头周围的颜色较深的区域)。再过一年之后,乳房通常就能发育到与成熟期差不多的形状和大小。
>
> 但是不同人的乳房发育状况会有很大差异,向你的女儿解释清楚这一点非常重要。成为班里乳房发育最早的一个,可能会非常令人尴尬,而发育过迟也会让很多女孩不安。尤其是在我们这个过于强调性特征的社会环境里,这些事情被过度夸大了。
>
> **阴毛**
>
> 在乳房发育开始后的几个月内,阴毛也开始生长了。最初是在阴唇附近,然后逐渐蔓延到下腹部。大约 15% 的女孩阴毛发育会早于乳房发育。每个人的实际状况都不太一样。
>
> **月经**
>
> 对大多数女孩来说,月经初潮通常在乳房开始发育的两年以后,或者 12 岁左右到来。不过,这个时间对不同人来说差异也非常大。安全

起见，你要在你女儿月经初潮可能到来之前，早早告诉她相关的知识。记住，有的女孩可能8岁左右就来月经了。我们总能听到这样的故事：女孩在自己的小内裤上看到血迹，不知道是什么原因。她要么非常害怕，以为哪里出了问题；要么十分尴尬，因为没有人提前告诉她会有这样的事情发生。

你可以告诉她怎么使用卫生巾，她也可能听你谈论过月经，看过你如何处理，所以对这件事并不陌生。若你对此的态度是积极正向的，对她会很有帮助。不要仅仅将月经看作是一种麻烦，从大局来看，这其实是成长的一个重要标志，若她愿意，这也能让她具备成为母亲的能力。提醒她，月经不会阻碍她做任何事。你要为她感到高兴，这样她也能被你的情绪感染。让她在钱包或者书包里带一片薄薄的卫生巾，以备不时之需。也要告诉她，若发生"紧急情况"，她可以向学校的护士求助。

在最初的几年，月经并不规律，有可能在任何时候到来。

月经刚开始的这段时间，并不是每个月经周期都会伴随排卵（排卵之后，她就能怀孕了）。需要经过好几年，她才会每个月经周期都排卵。但是绝不能碰运气，你和她都要明白，从月经来潮开始，她就有怀孕的可能了。

臀部

在阴毛发育前一年半，大约8岁或9岁的时候，女孩的体态就开始显得丰满。这通常是青春期到来的最初征兆。随着体内雌激素水平上升，她的臀部和骨盆会变宽（更有利于分娩），她将经历一个生长高峰期，身高会有明显增加，比较接近她成年后的最终身高。

其他特征

阴道会自我清洁。当阴毛开始生长之后,阴道有时会有白色分泌物。别忘了跟你的女儿讲解这方面的知识,让她知道,这是一种正常和健康的现象。

皮肤会在青春期变得更油腻,这会带来很多烦恼。粉刺和痘痘变得很常见,也更容易出汗。帮助你的女儿找到健康自然的方式来处理这些状况,尽量避免使用化学药物和粗暴的方式。

不要让青春期听起来过于负面。一定要向她传递成为一个女人的美妙。有人会为此举办一个由妈妈、阿姨、祖母和女儿一起参加的特殊的成人晚餐,有人会去露营,或者找个不错的酒店住一晚。有人会安排女儿与很爱她的女性定期见面,分享成长的美好时光。庆祝吧!祝贺和赞美你的女儿在成年的道路上取得的成功。

本章小结

- 朋友对女儿非常重要。
- 5～10岁是发展社交能力的重要时期。
- 你需要帮助女儿学习以下7种关键技巧:保持友好、分享、同理心、控制攻击性、道歉、理解情绪以及知道什么人可以信任。
- 她也会通过模仿你的一举一动来学习。
- 4种感受(愤怒、悲伤、恐惧和欢喜)都能对她有所引导。
- "关爱与结盟"是一种很有用的技巧,但是很容易失控。有的时候,你女儿需要做的是"或战或逃"。

- 运动很有用，尤其是当你为女儿找到了适合她的运动时。
- 了解青春期，并且帮你的女儿提前做好准备（8岁左右）。

第5章　Raising Girls
10～14岁：思考与发现内心

通常到了小学高年级，女孩们就已经长得很有大人样了，敏感而且成熟。父母们长出一口气，琢磨着是否可以卸下重担了。然而，我们都知道，这不过是暴风雨来临前暂时的平静。很快，激素水平如火箭般飙升，一段新的探险旅程开始了。前面已经说过，青春期开始的时间因人而异，但不管什么时候开始，带来的影响都非常深刻。到目前为止，多数女孩还都是浑浑噩噩、吵闹又淘气的小孩，愉快地生活着。她们骑车、游泳、做运动、参与各种有意思的活动，在生活中像风一样自由来去。她们信心满满，认为自己无所不能，因此到哪儿都是开心果。

青春期的到来不一定会改变这种状态，但是会在女孩们的天性中增加"观察自己"的视角。她感觉到自己正走向成年，许多非常明显的迹象让她不得不开始思考：我想成为一个怎样的女人？激动伴随着恐惧，甚至还有失去童年的自由与单纯的忧伤。这种情绪通常会让她更愿意思考，也更封闭自己。善于观察的父母应该能觉察到女儿这一时期的明显变化。这个年纪的女孩开始问自己："我是谁？""我想要什么？""我的人生意义何在？"她对这些问题的回答将会影响下一个10年的许多选择。

你要抓住她给你的一切机会——在路上乘车的时候，一起做什么事的时候，或者临睡前你坐在她床边的时候——倾听她，了解她对自己的生活、对周围世界的看法。你可以多和她分享你自己的生活，你少女时代的经历，你的信念和想法，她会很愿意倾听。突然，你会感觉年龄的差距没有那么大了。

从诚恳开始

10～14 岁这几年的重要性不容忽视。这个阶段需要做很多准备。我们要帮助女孩们稳住脚步，不要在还远未准备好的时候就举止幼稚地奔向成人时代。即使你觉得从这个章节，或者从这本书里毫无收获，也请你记住：这个年龄段的女孩需要我们更多的关注和陪伴。在这个阶段，我们需要多教导、多解释、多询问，我们要让她参与更多有意义的活动，我们需要帮她成长为一个出色的女人。但是我们不是把她推出去让她独自成长，也不会让她被周围世界的种种压力包围。

点燃"火花"

在 10～14 岁这个阶段，女孩的主要任务是扎根内心，发现自我。有很多方法可以做到这一点，其中最基本也是最简单的方法叫作：点燃"火花"。

彼得·本森博士（他不幸于 2011 年英年早逝）是美国研究院的创始人，也是研究青春期的世界顶尖专家之一。彼得在自己生命的最后几年一直致力于推广他的"火花"理论——我们每个人都有被激发出火花的潜能。[15] 他相信这个理论能改善年轻人的家庭生活和学校生活质量。

如果向父母们询问对女儿的期望，他们肯定不会说"要让我们的国家更具国际竞争力"或者"十二年级时在 NAPLAN① 考试中得高分"。父母们会说：

---

① NAPLAN 即澳大利亚读写能力和算数能力测试。——译者注

"我希望她热爱生活。"或者说:"我希望她善良,富有同情心。""希望她找到自己热爱的事业并能坚持下去。"我们爱我们的孩子,因此我们对她们的期望总是基于:希望她们能找到内心的满足感。

问题是:怎么做?彼得·本森的发现非常简单,却能改变大局。他发现几乎所有的儿童和青少年都具备某种潜力——兴趣、热情、天赋。而这一切若能得到支持,就能为他们带来巨大的欢乐,为他们提供动力和指明方向。这些潜力,就是他们的"火花"。

他的研究发现了如下重要事实:

1. 对于这样的问题:"什么活动能够给你带来最大的欢乐,让你觉得兴奋、生机勃勃、目的明确?"所有的孩子都能明白其中的含义。

2. 大概65%的孩子能说出至少一种符合上述标准的活动。他们明白自己的"火花"在哪里。

3. 还有20%的孩子,在了解他们的成人的鼓励下,也能找到这样的活动。(他们可能只是太羞涩,无法直接表达出来。)

4. 这些孩子中,有10%能想到不止一项能够激发自己"火花"的活动。他们真是幸运的孩子!

本森很喜欢引用古代哲学家普鲁塔克的话:"年轻人不是等待被装满的空瓶,而是需要被点燃的火焰。"老师们若能理解这一点,就能得到孩子的热爱和家长的感激。

你的女儿呢?

你的女儿有"火花"吗?你知道是什么吗?她的"火花"是否点燃,还是已经熄灭?怎样能让她燃烧出明亮的火焰?

在10~14岁或者更小的年纪,想让你的女儿发现和充分地发展自我,有个很简单的秘诀,问她:"什么是你真正爱做的事?"然后问:"我怎么才能帮你做到呢？""要做这件事会有什么障碍？我能帮你克服吗？""要做这件事，我们还需要谁的帮忙（在学校或者社区）？"

为了帮助父母们找到"火花"，本森将"火花"分成三类：

1. 一种技巧或天赋。比如绘画、写作、运动、舞蹈或音乐。你的孩子天生就擅长这个，在这个过程中会得到巨大的快乐。

2. 承担某项任务。比如保护大自然，或者为实现社会公平而工作。这种关爱别人的能力也能给人力量和支持。

3. 一种性格特征。这是人的个性的一部分。比如同理心——能成为别人的倾诉对象，或者勇气——能够仗义执言，能带领大家完成某项工作。如果发生了什么事，你能肯定是你的孩子站在最前面。

本森认为我们的工作是确定并且强化孩子的"火花"，鼓励它，点燃它。"如果你发现了孩子的'火花'，一定要让她知道。告诉她你看到了什么，听到了什么，感谢她拥有这样的'火花'。多数情况下，这是一件美好的对世界有益的事。"当然，找到她的"火花"只是个开始，作为父母，你还需要做很多严肃认真的工作才能点燃"火花"，让它燃烧。还有什么比这更值得努力的吗？

不是所有的"火花"都有机会燃烧

本森也指出了一个让人悲伤的事实：在他的研究中，仅有 1/4 的年轻人得到了充分的发展，清楚自己的方向和目标，可以愉快地生活。这种令人难过的状况也使本森确定了自己的使命。他认为在多数情况下，是因为成年人没有让孩子们的"火花"燃烧，或者完全没有发现她们的"火花"。

要让年轻女孩的"火花"可以明亮地燃烧，本森认为有三件事非常关键：

1. 家庭中必须有一个成年人支持她。

2. 在家庭外部——学校或者社区——她也需要一个了解她的成年人，去帮助她。

3. 要找到机会鼓励她，找机会做点燃"火花"需要的一切事情。

我们这些成年人中有多少人的兴趣根本没得到父母的关注和支持？或者，也许父母的态度是肯定的，但是在学校里完全没有人在意，或者与我们所生活的社区的兴趣和风格背道而驰。无数的"火花"就是因为缺乏以上要素而夭折。我们一定能改变这种状况。

为什么重要？

"火花"有什么了不起？它到底有多重要？本森的研究揭示了，若热情能够被发现（并且获得支持），将影响很多重要的衡量标准。"火花"让孩子们在学校表现更好，更快乐和自信，更愿意与成年人互动。他们不但更少生病，也很少违规。

一生当中，你女儿的"火花"也会发生改变。作为成年人，我们知道自己的兴趣有时会从一件事转移到另一件事，但在这个过程中，我们变得更专注，适应性更强，也积累了自信和创造力。而这些"火花"也让我们感受到生活的乐趣。有的"火花"最终成为我们的职业，有的不会，但仍存在于"真正的自我"的内心深处。"火花"是存在于世界的一种方式——艺术家、创意工作者、作家、运动员、领袖、发明家、活动家——这是我们真实的自己，那"火花"会变成燃烧的火焰，带给我们勃勃生机，直到我们生命的最后一刻。

你可以采取的行动

作为青少年的家长,发现他们的"火花"是最重要的事。回忆下你自己的"火花",这会很有帮助。你小时候有什么爱好?这爱好是一直保持到现在还是发生了改变?你的"火花"有没有熄灭?如今什么是你生命的"火花"?

父母和老师沟通时应该经常讨论孩子的"火花",学校应该了解孩子的"火花",并且帮助并找到鼓励他们发展自己"火花"的方法。

社区小组、娱乐部门以及当地的议会应该发起针对孩子们的"火花"的调查,然后制订方案,提供相应的设施和服务,确保他们能得到鼓励和支持。

父母课堂

不一样的朋友

某种活动或爱好能让女孩的内心更丰富和强大,除了"火花"理论外,还有一个原因是它能将女孩带入不同的人群中,这样她的视野会更开阔,看待自己的态度也更加积极。

女孩们常常会困在同一个类型的朋友群中,在学校因为各种偶然原因聚集在一起的差不多年龄的女孩子。离开了家(家也有自身的

第5章
10～14岁：思考与发现内心

好处和缺陷），女孩们就找不到自我评价的参照了。如果同龄朋友性格过于负面或者破坏性太强，女孩很容易就会开始自怨自艾。但是朋友不一定是跟她一样的人。不同年龄的朋友——风趣智慧的年长的男性，内心强大、做事不拘一格的女性，来自郊区或者其他学校的朋友也能给她带来各种益处。他们会比她更加成熟或者跟她有同样的爱好，这样的人像一面镜子，能让女孩看到不同的自己。

从拉丁舞到攀岩，从缝纫到潜水，年轻女孩可以做的事五花八门，非常丰富，还有上百种志愿活动可以让她们觉得自己是个有用的人。不要被条条框框限制，跳出那些预先设定的所谓"女孩应该做的事"。想想成人世界中我们都在满怀激情地追求什么。不要让她的生活被课外班占满，而要帮助她找到真正能让她感到舒适的朋友，可以支持她，让她像花一样绽放。

父母课堂

一个可以做手工的地方

如果由我来组织，我认为每个女孩都应该有个可以做手工的地方——一个工作坊或者手工教室，或者就是屋子的一个角落，安安静静，没有电视的声音，没有小孩吵闹，有不限量的材料、颜料和各种工具，不用每次都收拾整齐，可以慢慢做完一件作品。手工制作——创造出美丽的东西——近年来被重新认识，被视为一种表达自我的方式。

> 它可以通往内心的宁静，也是对种种疯狂消费行为的一种回应，女孩们不该靠自己买的东西来证明自己。雕塑、绘画、陶艺、自我创造的时尚以及任何一种形式的手工都对男孩和女孩有疗愈及强化内心的功效。就像许多男人都有一个自己热爱的小棚屋一样，家里如果有个专属的"女人天地"，那就再好不过了。
>
> 当然不是每家的房子都足够大，可以辟出一个专属空间，那么另一个选择是给她提供一张活动书桌或者一个角落，不是用来写学校的作业，而是用于她可以自由选择的创意活动。
>
> 在有的国家，一些社区开始设立女孩和女性活动中心。通常是在借来的房间或者礼堂里举办每周一次的活动，年长的女性会邀请年轻女孩，和她们一起进行各种各样的恳切的交流，而那些濒于流离失所的女孩也能够在这里得到庇护和依靠。正如"男人小屋运动"[①]能为精神健康带来诸多好处一样（这种活动看起来是一种倒退或者性别歧视，其实更像一场解放运动），为年长女性和年轻女性的交流提供场地的女性空间也会在许多社区繁荣发展。

你的灵魂就是你的所有

20世纪70年代，我妻子当时17岁，在一家小小的乡村医院做实习护士。每当有病人离世，她会找来护士长，护士长来到病房，总会做一件很奇怪的事情，把窗户开一个小缝儿，让病人的灵魂可以离开。这与我这里所说的灵魂不是一个意思（当然，我丝毫没有取笑这种做法的意思，而且，我觉得这两种不同含义之间也是有关联的）。美国流行歌手特蕾西·查普曼唱的

---

① "男人小屋运动"发源于英国，致力于为男性参与和交流木工等手工活动提供场地和资源。——译者注

"你拥有的一切,就是你的灵魂",她所指的"灵魂"就是人性的本质——你是谁?什么对你最重要?灵魂的含义很难从字面解读,但若你拥有,你便会明白。虽然灵魂往往来自经历的积累,尤其是痛苦的经历,但也有人很年轻时就能找到自己的灵魂。有些人内心空无一物,他们自私、浅薄、焦虑、贪婪。一阵轻风就能把他们吹散。而有灵魂的人,就像扎根很深的大树,即便狂风大作,也能屹立不倒。

仔细观察一个 10 岁的女孩,你会发现她已经开始"扎根"。她开始有秘密的梦想和柔弱的渴望,只属于自己,不能跟他人分享。她开始问很宏大的问题,她会观察周围的成年人,以获得人生的线索。

看看这张照片,照片上是非常有名的人物。这是时任美国国务卿的希拉里·克林顿与著名的民主活动家、诺贝尔和平奖获得者昂山素季的历史性会面。当时昂山素季刚刚摆脱缅甸政府军多年的监禁,重获自由。

希拉里很高兴,不仅因为这是个伟大的时刻,也因为她得以跟面前这位瘦小、看起来弱不禁风、身着传统服装的女性分享这一时刻。昂山素季安静地微笑着。你能感觉到她始终如一的平静。她是一个经历过很多磨难的女性——被监禁,看不到自己的孩子,也未能与丈夫见最后一面。她承担着她苦难的国家的全部希望,她的朋友们被杀害、被折磨,或者干脆人间蒸发。但她拥有自己的灵魂,因此能坚持不懈并始终保持内心强大。

灵魂是你内心深处的一个地方，它能帮你判别是非。虽然每个人心里都有这样一个地方，但不是所有人都到过那里。我们需要周围人温柔真诚的推动才能找到这个地方。帮我们发现灵魂所在的，有时候是一首诗，有时候是一部电影或者一首歌。当一个小女孩和她最喜欢的阿姨一起出去，在一个安静的时间，阿姨问她："你生活中最想做的事情是什么？"这样的交谈会帮助女孩探寻自己的灵魂。不过，别人只能让你看到他们的灵魂，却无法把灵魂给你。

发现灵魂意味着了解自己。若你打破了自己的规则，纵然旁人一无所知，你仍然会讨厌自己，直到你将一切恢复原样。灵魂也颇具创造力，它会带领你用独一无二的途径、活动和方式来表达自我。灵魂就是真实的自己。你可以伪装自己，有人终其一生都在伪装。过去曾经有很多女性将真实的自己藏起来，结果活得窒息又压抑。若你能与自己坦诚相见，即便周围的人都不理解，你也能感觉良好。

无论是从日常生活的角度还是从整个人生的层面，女孩们都需要这样的感受。当她们与朋友意见不合，当她们纠结该去哪里，该做什么，当喝醉了的朋友想要她也喝醉，当半夜里男孩们想让她跟他们上一辆车，或者当她的朋友在学校里欺负别的女孩……当她从镜子里看到自己的身体与杂志上那些用修图软件加工过的身体不一样时，她的灵魂会在她耳边低语："我就是我。我有我的美丽。"

当她要选择学什么专业，跟谁交朋友，从事什么职业，与谁约会或者结婚，她都应该听从灵魂的声音。

灵魂是怎样炼成的？

帮你的女儿发现自己灵魂的一个方法是帮她找到适合出现在她生命中的人。有很多人能够成为你女儿的榜样，让她知道如何成长为一个强大、有内涵的女性。这些女性包括她在学校的老师,她的某些兴趣班的老师,比如音乐、绘画或者瑜伽老师,她喜欢的运动项目的教练,还有她们在宿营或者游玩时认识的20多岁或者30岁出头的年轻女性,邀请她们做客的长者,有丰富生活经历的阿姨或者祖母。不同的人有各自不同的内在(内心安静的力量),但同样都会让女孩焕发出迷人的光彩。

选择这些人有一个简单的标准:他们吸引着你的灵魂。他们内心平静温暖,而不仅仅是人好,他们大胆又与众不同,而不是乏味平淡。选择那些能欣赏你的女儿、把她看作一个独立的人并且能发现她的独特之处的女性。她们应该能互相欣赏。(在这个年纪,从安全角度出发,你的女儿的精神导师以同性为好。但也有例外。很多女性也说她们有过非常好的男性榜样。这也很棒!)

有些活动有助于灵魂的塑造,有的则会造成伤害。避免那些过分强调竞争的,或者是表演性太强的活动,除非你的女儿对此有强烈的无法阻止的兴趣。那些为做而做的创造性活动会对灵魂的塑造有帮助。这类活动的形式多种多样,比如雕塑或者研究摩托车,甚至是撰写自己的幻想小说。女孩会通过这些活动获得平静,学会思考。

书籍也很重要,它既能启发灵感,也能成为我们心灵的避难所。阅读时,我们情不自禁地开始了一场内心的旅行,仿佛被牵引着要去填补字里行间的空白。这是电影做不到的。我们得以进入不同的生活、不同的场所、不同的时空，因而也了解了生活可以有很多可能性。很多人就是因为一本书而改变了人生。年轻人非常渴望精神食粮，书籍刚好能满足他们的需求。

出于对安全的担忧，女孩们往往被剥夺了亲近大自然的机会。在家附近的树林里游荡（男孩们一直是这样做的）看起来过于冒险。但你仍然应该尽力为她提供置身于美丽的大自然的机会（全家去度假就是个不错的选择），让她可以冲浪、游泳、骑马、远足或者航海。陪她一起做这些事，你的女儿也需要看到你远离日常的乏味生活时的真正样子。

成长记事本

投入自然

金姆·皮特曼是一位经验丰富的户外教育家，她也是一位著名的创作歌手、一位母亲和阿姨。她放弃了教书，转而发展自己认为能帮年轻的女性找到根基，并且一生都能得到滋养的理想教育方式。

金姆带领十几岁的女孩到澳大利亚新南威尔士州中北部的荒野中，远离现代生活，进行为期10天的徒步旅行。女孩们放弃了她们的iPhone、音乐播放器、化妆品、手表和镜子，远离媒体，也放下了"今天穿什么"和"我看起来怎么样"的担忧。放弃这些东西让她们在一段时间内感到迷失，但这种感受很快就被雨林和山谷的丰富与美好所取代：橡树花的香气，鸟儿的自由自在，冰凉的溪水随意地漫过疲惫的双脚的感觉，还有在漆黑的夜空中呈现出来的"百万星级酒店"的辉煌景象。

在金姆的引导下，这些女孩开始发现自己并非孤立的个体，而是一个巨大网络的一部分，根据自己的技巧、力量与判断，可以变得粗粝或者柔软，危险或者可爱。

这样的经历与那些费用昂贵的学校以成人礼的名义让青少年经历的痛苦磨难截然不同。那些活动一方面限制了天生强壮或有运动天赋的孩子的能力，另一方面又让那些相对柔弱或者身体能力较差的孩子觉得很难熬。那样的活动其实是一种隐蔽的虐待，看似想要将孩子们的能量尽可能多地释放出来，"解放"他们，实际反而是压制了他们。还有一些学校的项目只是部分抓住了学会自立的重要性，却没能提供真正与自然连接的机会——孩子们只是脚上起了水泡、脸上被划伤以及获得一种斗争的感觉，但并没有与自然真正地融合。

金姆非常温和，也很能干。她身上有某种复杂的东西吸引着跟随她的年轻人。她向孩子们传达出尊重的意义，比如尊重自己，互相尊重，尊重河流和土地的生态，尊重动物和鸟类，尊重宇宙，也尊重个人。通过篝火旁的聊天、旅行中的活动、火车上的谆谆教导，女孩们能够慢慢打开内心，看到世界的本源——看到万物的复杂，感受到周遭一切与她们的交流互动，并追随着那种节奏，找到心灵深处的宁静。

女孩们度过了静默的一天，睡觉时互相之间也保持着一定距离，以此来体会在完全与媒体隔绝的世界中生活的感受。此时，整个活动到达高潮，她们开始讨论自己这一段时间的思考：

"我完全不想描述，因为我不愿意拿走自己的感受，而且，也根本没有适合的词能把这种感受表达清楚。"

"昨天是我生命中最美妙的时光之一。"

"一整天我都闭上眼睛，用力呼吸，没有语言能表达我的感受。"

"我感到绿色环绕着我，进入我的身体，充满我的全身，以一种超越语言的方式在对我说话。我想，它的语言就是爱的语言。"

"我所有的感官都变得敏锐。我想沉默会上瘾，我希望它永不停止。它让我感觉自己如此平静，又满心欢喜。虽然我一言不发，却觉得与周围的野生动物和植物有了更紧密的联系。这种感觉很难描述，我觉得我变成了大地的一部分，我们之间有千丝万缕的联系。"

第5章
10～14岁：思考与发现内心

父母课堂

女孩应该对妈妈保留隐私吗？

向你的女儿解释保留隐私的方式是：如果她的房间门开着，你可以轻轻敲门，然后进去；如果门关着，你就要先敲门，等她说"进来"，然后你再进去。这是因为很有必要让她知道她有自己的地盘，并且对它有控制的权力。当你进到她的房间，不要窥视或者刺探，没有人喜欢这种行为。当然你还是可以说："屋子需要收拾一下了。"或者说："你需要我做什么吗？"礼貌地寻求她的许可，能让她感觉到自己是被尊重的。

隐私是一种权利。不过，如果她一直举止奇怪或者神神秘秘（参看本书 163 页和 168 页等，了解关于进食障碍、酗酒或者吸毒等方面的内容），你可以让她知道你会留意她的房间。安全比隐私更加重要，但一定要提前给她警告。出于各种复杂的原因，这样的事最好由妈妈来做。女儿可能会生气，但如果侵犯她空间的是爸爸，她很可能会非常愤怒。在正常情况下，我们每个人都希望能保留自己的隐私。

> 父母课堂

阿姨们

在这本书一开始我们就指出，近年来女孩的心理健康状况不容乐观。

我们在追问缘由，到底是哪里出了问题？其中一个原因可能是我们忽略了阿姨的作用。

我曾经问来听我的讲座的人：谁有一个给你们人生带来巨大改变的阿姨？在座的有1/3的女性举了手，而且，年纪越大，比例越高。但今天，阿姨们却逐渐从女孩的生活中消失了。

我所说的"阿姨"包括爸爸或妈妈的姐妹，以及女孩的成年女性朋友和你们家的朋友中关心她成长的人。（祖母的角色会略有不同，她们不仅仅是榜样，更像一只锚，是生活的定心丸。她们的年龄让女孩子觉得她们高不可攀。）

对于正在读这本书的你，希望你可以想想你的侄女或者外甥女，考虑一下如何做一个对她们更有帮助的人。你可以这样做：

1. 邀请她来你家里吃饭，有时可以过夜。这会让她得以从家庭生活中短暂脱离，稍事休息，也比较适合跟她进行有效的谈话，了解她的近况。

2. 定期带她去喝杯咖啡，或者逛逛街。像对待一个有思想的成年人一样跟她聊聊天。了解她的生活、她的梦想、她面对的挑战。谈论这些问题的时候不要总想着挑她的毛病，要从长远的角度，多了解她的看法和观点。多倾听。

3. 记得她的生日，争取去参加她学校的音乐会和运动会。

4. 为她在追寻梦想的过程中遇到的实际困难或者钱的问题提供帮助。理解她的父母，让支持她的亲友团更强大一些。

除了专注地倾听，阿姨们也能与女孩进行理性的对话。她们了解男孩，也了解男人，她们说话会很直接。

"他长得是不错，但是有点木讷。你过不了10分钟就会觉得无聊了。"

"这个男孩就是个花花公子，他说的话我一个字都不信。他还需要10年才能长大呢。"

"他爱的不是你，宝贝，他爱的是你的胸。"

阿姨们通常也不会害怕指责你。"你就是太害怕被拒绝了。""我觉得你这样不对，你应该去跟你妈妈道歉。""你可以这么做，但你这是偷懒，你的能力远远不止如此。"

做个好阿姨或者好叔叔的意义远比我们认为的重要。但是你得先有做的意愿，或者看到这样做的必要性，然后才能有所行动。这绝不是兴之所至的事，如果让年轻人失望，她们会很伤心。这会是一段漫长的引领，尤其是带她们度过青春期的困难阶段。如果你和你的侄女很亲近，那就跟着感觉走吧。这会是一段相互滋养的关系，她会回报你新鲜感和清晰的视野。阿姨们可能觉得自己是老古板，所以需要女孩们激活自己的年轻因子。

> **成长记事本**
>
> ### 我的阿姨
>
> 学校的每个假期我阿姨都会带我到市里去，我们像优雅的女子那样一起喝茶。
>
> 当我哥哥因车祸去世，我在她家住了三个月。巨大的悲痛完全击垮了我的父母，能躲到一个稍微正常点的地方真是种解脱。当然我周末还是会回家。这样做对我们都有帮助。
>
> 我阿姨认识我的男朋友，知道我们之间的问题，这些事我对妈妈可说不出口。
>
> 阿姨比我妈妈小6岁，是她给我讲了关于月经的事。任何事我都可以问她。
>
> 我愿意去阿姨家，我们一起做镶嵌画，我特别喜欢和她一起做事。

父母课堂

保持平静，让爱延续

在十几岁这个阶段，女孩们就像乘上了感情的过山车。她们就像在雷区摸索前行，试图避免引发爆炸。这几年，对父母来说会非常不容易。

十几岁的孩子将要经历两次骤变。一次是在13岁左右（有时会更早），这个时候，女孩们的思考能力似乎卡住了。这是因为大脑的前额皮质会在 13 岁左右迅速重建（具体解释见 19 页），因此让女孩变得非常孩子气，思维混乱，十分无助。这些表现会让人觉得很讨厌，但是她其实只是在重温自己的婴儿时代。密切留意她，同时，你应该高兴，因为她至少还愿意与你亲近，愿意被呵护，愿意和你在一起。到了 14 岁，一个完全不同的阶段就到来了。

14 岁可能是女孩非常暴躁的阶段。在此之前，她一直被家人呵护，与他们融洽相处，她的一切都依赖于家庭，家庭网络的一部分就是她的整个世界。但这种状况现在需要改变了，否则她将永远不能独立。此时最重要的是不要把这个过程看成是她拒绝你的过程，她的所有言行并不是因为不再爱你。女孩可能会崇拜她的父母以及他们所代表的一切，但在内心深处，她知道自己不能一直在父母的世界里生长，她需要脱离出来，成为自己。这可能引发各种尝试和寻找自己身份的行为，比如哥特打扮，朋克装，以及从家庭中逃离的努力，比如来自受人尊重的家庭的孩子把自己打扮得十分邋遢，或者嬉皮士家庭的孩子忽然变得风度优雅，很有责任心。（还记得电视剧《绝对精彩》里的莎飞吗？她是整部剧里唯一举止优雅的角色，因此显得与所有人都格格不入。）

这种反叛有时会让父母很生气，觉得不想再管她了。但此时绝不能放弃你的女儿。她需要一个可与之争执、吵闹和耍赖的对象，总要有人对她晓之以理。这个人要么是你，要么就是警察或者老师。最好还是你吧。

当然，多数时候她还是正常的，但是如果她表现得不可理喻，你也别大发雷霆。你需要面对，需要倾听，跟她讲道理。如果她也有理有据，你可以稍做让步，或者允许她保留不同意见。她正在学习成为自己，虽然她还不确定自己是谁。这段时间对父母来说相当不容易。传统的底线，比如保证安全、信守承诺，仍然有效。但是你也有自己的朋友和社交需求，因为在这个年龄，你的女儿并不打算跟你做朋友。

到 15 岁就容易多了。通常到 16 岁的时候，大多数女孩就已经成熟、柔和了许多。一旦她对自己有了把握，就会觉得没必要把你踢开，也开始愿意跟你交朋友。

> **父母课堂**

青春期提前，化学反应和你的女儿

有很多理由让家长们对女孩的青春期提前的现象警觉起来。当一个女孩才 8 岁，乳房就开始发育，这肯定会让她困惑，并且会为她招来本不该有的关注。

青春期提前正在成为一种趋势吗？背后的原因是什么？这是事实还是危言耸听？我们怎样做才能使我们的女儿避免这样的遭遇？

青春期是由激素控制的。在过去的百年中，我们"伟大"的工业机制，有意或无心地，就在致力于制造可以模仿这些激素的化学物质。如今，类激素的物质以及干扰激素的物质，比如双酚 A（BPA），出现在我们日常使用的各种产品中，同时也通过农药渗透到我们的食物和水中。

40 年前我们就经历过这样的状况[16]。1977 年在意大利，米兰周边学校的上百名男孩和女孩因为食用了被污染的牛肉和家禽导致乳房开始发育。1973 年在密歇根，被污染的牛饲料造成牛肉和牛奶的污染，吃了这些食物的孕妇生下的女孩都特别早就进入了青春期。2005 年，一对 3 岁和 4 岁的兄妹开始长出阴毛，这是因为他们的父亲使用了从网上购买的含睾丸素的药膏，药膏通过父亲每日与孩子们的接触影响了孩子。

激素与普通化学物质不同，只需要极少的量就会起作用。激素的一个分子就能引起某种反应，从这个角度说，所谓"安全的量"根本是无稽之谈。只要有激素存在，它就能影响你。

青春期的变化只是这些化学物质导致的问题之一，癌症、糖尿病、心脏病，甚至一些行为和精神问题都与之有关。美国哈佛公共卫生学院发现，孕期接触双酚A可能与孩子在幼儿期的行为问题如攻击性行为、多动症相关联，也可能会使抑郁的程度变得更严重。[17] 更重要的是，只有女孩受到影响，这也说明被干扰的是雌性激素，可能是在母亲子宫中时，这些女孩大脑的激素分泌受到了影响。

美国卫生部在对塑料中添加双酚A的上百次研究中发现，有"毫无争议的证据"表明这种物质对乳腺有影响。完全可以说这些化学物质对你和你的女儿没什么好处。[18] 那么我们能怎么办呢？

我们能怎么办？

先从容易的事情开始。很多人听说过双酚A存在于用聚碳酸酯制成的饮水瓶中（查看瓶子底部的循环利用标志，如有数字7就说明瓶子使用的是这种材质），最近也被用来制造奶瓶。是的，这种材料会释放双酚A，学生们在一次研究中使用了这种材料，仅一周就检测到双酚A水平上升了69%。[19]

更糟的消息是双酚A也存在于食品罐头盒（比如蔬菜和汤罐头）的衬垫中。与饮用水瓶相比，这更严重，因为食物在罐头中储存的时间长，在与衬垫长时间接触的过程中就会相互作用。罐装的西红柿汤，含少量酸性物质，最好不要购买。软饮料或者酒类的瓶子也会向内容物释放双酚A。如果你要购买婴儿配方奶，奶粉比液态奶更安全。也要避免食物上的塑料膜——除非你能找到不含双酚A的材质——并且不要连塑料膜一起加热，也不要在微波炉中使用。

最后，双酚A也存在于超市价格单和登机牌所使用的热敏打印纸中。其实，也能找到更安全的替代品。对于超市的收银员来说，这一点需要特别关注。

农药中也含有仿激素物质，所以，有机食品一直是更好的选择。选择肉类时，草料喂养的动物（比如奶牛）比谷物喂养的动物更安全、更健康。

很多建议很难执行，事实上，我们需要从法律层面予以推进。对于使用了阻燃剂的家具，能有什么办法？我们怎么会知道一个靠垫或者布料是否使用过化学物质？（如果它闻着就有化学物质的味儿，那可能就是了。使用之前一定要好好通通风，但是，不是所有化学物质都有味儿。）

还有，化妆品中通常含有邻苯二甲酸酯——指甲油和人造香水是最常被诟病的。选择不含香料的洗涤剂、清洁剂和个人护理用品，避免使用空气清新剂，除非它清楚标注了"不含邻苯二甲酸酯"。很多空气清新剂都含邻苯二甲酸酯，会通过呼吸进入你的身体。

如果你觉得迷惑和无所适从，我表示理解。管理这些事情，应该是政治家和管理者的工作，但是制造行业的游说者却总在想办法掩盖真相。与此同时，在收银台工作的准妈妈，涂指甲油、喝瓶装水的准妈妈，晚餐吃加热过的罐头汤和谷物喂养牛的牛肉的准妈妈，你们最好祈祷自己怀的是个男孩。

早熟的原因

女孩表现出乳房发育等早熟现象，可能的原因包括：

- 除了来自外界的激素的影响，还有一些综合征会导致早熟，比如"中枢性性早熟"（CPP），这会导致女孩在 3~6 岁期间就出现性早熟的现象，这种病症可以通过药物治疗，效果很好。
- 与上面的情况完全不同，有些女孩就是单纯的性早熟，没特殊原因。这种情况在人群中所占比例不高，但仍然不容忽视。因种族不同，这种状况的人口比例也有很大不同。以 7 岁为例，10% 的白人女孩，23% 的黑人女孩和 2% 的亚洲女孩的乳房开始发育。专家不建议对这种情况进行治疗，因为它还在正常范围内。
- 严格来说，认为越来越多的女孩提早进入青春期并不完全正确。应该说是越来越多的女孩的乳房提早发育，但这并不算进入青春期，其他变化尚未出现。实际上，月经初潮开始的年龄在过去 40 年并没有发生什么改变，仍然是在 12 岁左右（也可能晚至 16 岁，所以别担心，每个群体中都有一些发育较迟的人）。
- 研究者们通过对乳房发育早的女孩的研究发现，她们体内并没有出现青春期应该有的雌激素。由此得出的结论是，来自周围环境的类雌激素导致身体发育的"错误启动"，这种乳房发育并没有将月经初潮提前，青春期真正开始的时间还是保持正常。

- 但是这仍然是个不容忽视的问题。乳房发育提前会增加患癌症的风险，更重要的是，在8岁或9岁乳房就开始发育所招致的社会关注，对生活在我们这个过于强调性别的世界的女孩来说，还是太早了，她们还没有准备好如何应对。后面这个问题往往是父母们最关注的。

导致青春期提前还有其他一些原因，包括：

- 身体脂肪过多。脂肪会产生雌激素，并由此开始一种恶性循环——雌激素会让身体产生更多的脂肪。（查看本书关于体重的章节获得相关帮助。）不要让你的女儿减肥或者强迫她锻炼，这两种做法都可能事与愿违。
- 压力太大。如果父母在女孩3～8岁离婚，或者父亲暴力、酗酒、滥用药物、有自杀倾向或者曾经入狱，都可能导致女孩青春期提前。
- 继父。这不是因为继父会带来压力，可能是因为家庭里有一个没有血缘关系的男性，会以某种我们还不了解的方式影响女孩的激素分泌。
- 来自发展中国家或者成长期有挨饿的经历。被发达国家的家庭领养的孤儿或者难民儿童也经常青春期提前。对此，我们最好的解释是：身体认为生活艰难，赶紧长大吧。

因此，如果你的女孩 7 岁或 8 岁就进入青春期，你该怎么办？我们无法改变这个事实，但是可以改变我们的处理方式。我们可以鼓励她们以积极的心态享受自己的身体。我们可以按照她们的实际年龄，而不是她们的身体展现出来的样子对待她们。我们可以反抗这个世界——它会向 6 岁的女孩推销胸罩（甚至是塑形胸罩），让她们化妆，忸怩作态地参加选美比赛。我们可以创造一个快乐放松的童年，不要增加竞争性，全家一起吃饭，一起读书，让小孩成为小孩。过早到来的青春期可能会令人烦恼，但并不是大难临头。我们能够处理好，让她们的生活不脱离正轨。

父母课堂

如果你的女儿是同性恋

这几年，在理解和接纳那些喜欢同性的年轻人方面，社会已经有了很大进步。从内阁大臣、摇滚明星、运动员、演员，到教师、牧师和电台播音员，都有公开的女同性恋者，她们生活得很愉快，也没有人会对她们侧目。

另一方面，也有人认为非异性恋者(LGBT[1])是魔鬼的选择，或者是需要治疗的病态。幸运的是，随着人们开始了解更多事实，或者在生活中结识了一些同性恋者，持上述观点的人开始慢慢减少。

对于父母来说，这种逐渐增加的接纳态度是很有帮助的，但他们仍有很长一段路要走。作为一个有同性恋倾向的女孩的父母，是需要很大勇气的。

---

[1] LGBT（女同性恋 Lesbian，男同性恋 Gay，双性恋 Bisexual，变性者 Transgender）是目前被普遍接受的一个短语，用来描述非异性恋者。有时会用 Gay 来简单代替，但大多数人会用 Lesbian 来特指喜欢同性的女孩。Transgender girls 指想成为男孩，但并不一定会通过医学手段来获得更多男性特征的女孩。关于这个群体在这本书中并没有探讨。对于她们的父母来说，面对的问题是相似的：接纳她，帮助她找到真实的自己。——作者注

了解事实

整个社会几乎都理所当然地认为所有人都是异性恋。因此，即便是对待年轻人，当发现他或者她喜欢同性时，我们都不免大吃一惊。随之而来的问题就是如何让别人知道，尤其是爸爸妈妈。年轻人会很担心爸爸妈妈不能接受，甚至会有很极端的反应。认识到自己喜欢同性可能是在青少年早期，这个年龄本身就已经够不容易的了，需要融入环境，还要建立对自己的信心。你的孩子需要在方方面面得到帮助和关怀。

无论你孩子的性取向如何，对她最有帮助的事是：在她整个成长过程中，当提及同性恋时，你们的语气都是理解而非贬低的。同时，你愿意花时间阅读相关书籍或者了解一些非异性恋者的感受。一个嘲笑和贬低同性恋者的爸爸（或者妈妈）无法让自己的孩子拥有开放的心态。

承认的过程，首先是自己，然后是父母，最后是自己的一些年长的朋友和家人，这是年轻人需要考虑的一系列决定。多数成年的同性恋者会告诉你"出柜"——逐渐让大家知道你不是他们认为的那样——是一次漫长的旅程。如果你的女儿发现自己是非异性恋者，那么她是唯一可以决定应该告诉谁，以及什么时候说的人。有的年轻人对自己的性取向的感受是舒适、自由和骄傲的。而有的人却完全相反，他们的心态完全取决于周围人的态度。

对父母来说，这也是一趟内心的旅行。早在我们还没有成为父母之前，甚至当我们自己都还是孩子的时候，我们就梦想过我们将有什么样的小孩。为人父母的生活就这样被我们对未来的憧憬滋养着。我们的梦想永远跑在我们前面，孩子的婚礼，甚至孙子孙女都常出现在这样的想象中。这些想象的力量不可低估。在孩子还很小的时候，我们就会因为他们不符合我们当年的想象而生气。忽略这些提前的假想吧——女孩都爱做饭，都整洁干净；男孩都吵吵闹闹，喜欢运动——否则我们的孩子就会觉得自己让爸爸妈妈失望了。

知道自己的孩子是同性恋可能会把载我们驶向美好梦想的车子击得粉碎。我们也许会说自己不在乎，并且，出于对女儿的考虑，会说服自己相信我们真的一点儿也不在乎。但接纳并非一种意愿，而是你必须经历的一个过程，这也意味着对失去的东西感到悲伤。花些时间考虑这个问题是很有必要的，可以自己单独，也可以和她一起休个假，然后开始丢掉那些关于"我所想象的女孩"的模糊想象，把你的女儿当作一个真实的人来看待。可以写写日记，可以多散散步，给自己一些时间放弃一种想象，接受另外一种事实。

同性恋女孩的父母会发现，如果女儿同意，他们希望让自己的朋友知道。最终我们会希望所有的朋友都了解并且理解我们。大部分人都会轻松地表示接纳。然而，根据你们所在的社交圈，也可能有些戴有色眼镜的朋友。帕米拉·杜·维拉，一个同性恋男孩的妈妈写了一首感人至深的诗，其中有这样一段：

我现在就要告诉你，然后由你来决定

对儿子，对自己，我必须以诚相待

若你不能接受儿子、接受我

那么我们的友谊就此结束

永远结束。[20]

这种对儿女的绝对忠诚是一种伟大的品质，一定会让她的儿子拥有宽广的心胸。

除了"出柜"过程中的心态转变,同性恋女孩也会有和其他人一样的问题:我会找到爱吗?周围的人会尊重我吗?

这个话题够写一本书了,同时也有像"同性恋的父母和朋友"(Parents and Friends of Lesbians and Gays)这样的组织可以帮助你。不过,对所有的父母来说,多了解相关信息也是非常重要的。即便你的女儿是异性恋,她也可能会有同性恋的朋友,若你不大惊小怪,而且表示支持,那么她的朋友会很受用。

最后请注意:很多十几岁的女孩间的友谊会非常亲密。通常这样的友谊与性无关,并不能以此判断她们的性取向(在更开放一些的社会中,男孩间也会有非常亲密的友谊,这是他们成长过程的一部分)。现在有一种趋势是男孩在聚会这类场合会诱导女孩做爱,以此模仿那些用来挑逗男性的色情片。周围的人如此疯狂,女孩们就会担心,会紧张,会徒劳地放弃朋友。鼓励你的女儿了解自己的感受和需求,与朋友坦诚相待,谈论什么事让他们感觉好或者不好。我们每个人身上都贴着太多标签,而事实是我们都是独一无二的,没有一个标签能准确地定义我们。

父母课堂

女孩和睡眠

（研究者们最近确认了一件父母们早就知道的事——青少年的睡眠时间不足。一部分原因是青春期的睡眠周期发生了改变，因此他们需要更长的睡眠时间。但是我们必须得把他们叫醒去上学。逐渐累积的睡眠债对学习和精神健康都没有好处。不过，还是有解决办法的。以下是澳大利亚青少年心理学家及精神健康的推动者迈克·卡尔·格莱格博士的观点。）

现在是早上 8 点半，我们站在世界任意一个普通女孩的校门外。随着学生们陆陆续续乘车到来，我们面前出现了许多困倦的面孔，有人手中还抓着外带的拿铁，大口喝着——这里是嗜睡症的总部。

半小时之内，一些年轻女孩就将头靠在桌子上，很快睡着了。另一些也困得不行，完全不知自己身在何处。

官方消息称，青少年——无论男孩女孩——是最受睡眠驱动的人群。全球研究青少年睡眠的顶尖权威、美国布朗大学的玛丽·卡斯卡丹教授发现，在上学日，青少年平均每日睡眠时间为 7.5 小时。但有 25% 的人只睡 6.5 小时或者更少。也就是说，有 1/4 的青少年睡眠严重不足。卡斯卡丹在研究中发现，要让一个年轻人保持良好的敏锐状态，他需要 9.25 小时的睡眠。教育工作者和心理学家都越来越明显地感觉到，一些女孩总是把睡眠看作额外的事，夜复一夜，她们欠下了一笔巨大的睡眠债。[21]

如果给这些头垂在桌子上打瞌睡的女孩连上心电图，我们会看到她们中有50%直接进入了快速眼动睡眠①，表现出来的脑电波与嗜睡症患者相同。虽然这些女孩并非真的患了嗜睡症，但她们已表现出嗜睡症状。

睡眠不足不仅影响了女孩的身体状况，也在很大程度上削弱了她们在课堂上、开车时、运动中或者在与成年人互动时候的表现及反应能力。睡眠不足也增加了抑郁，甚至自杀倾向的概率。从理论上说，一夜好眠才是最有效的学习助手。

学校应该进行"睡眠教育"，因为年轻人需要知道，缺乏睡眠会影响100亿个脑细胞以及万亿个神经连接。父母应该把睡眠看作最重要的事，从孩子小时候就要开始规定上床睡觉的时间。最后，也许我们需要重新审视学校开始上课的时间。研究发现，将初中的上课时间推后半小时，就能使学生的身心状态和学习表现得到很大提升。

怎么办？

建立固定的晚间活动流程，设定睡觉时间。在床上读半小时书来放松是没问题的，但不能允许电子媒体——手机、iPad、电脑或者电视进入卧室（除了内容过于刺激外，电子屏幕本身也会妨碍大脑为睡觉做准备）。

青少年需要在周末多睡一会儿，以补偿他们的睡眠债。这也是一种对健康的弥补，但最好还是让他们平日里每天也能睡9小时。

因为青春期时间周期的改变，学校不应该太早上课。我们需要调整学校的日程来更好地适应青少年的身体需求。

---

① 快速眼动睡眠是指一个睡眠的阶段，眼球在此阶段时会快速移动。在这个阶段，大脑神经元的活动与清醒的时候相同。——译者注

第6章 Raising Girls
14～18岁：为成年做准备

想象一下一个14岁的女孩会是什么样。她的初中生活已经过半，她已经基本拥有成年后的身高。她已经有了生育的能力。她身体强壮，协调性好，而且非常聪明（若是在几百年前，她现在应该已经结婚了）。那么，你怎么看？她已经准备好成为一个成年女性了吗？

任何一个14岁女孩的父母都会清楚地回答：恐怕还不行。成熟的特质从14岁开始才刚刚显现，就像一个狡猾的光球，时亮时灭。她可能前一分钟显得善良和充满关爱，下一分钟就变得轻率自私。她会做出重大承诺，却忘记遵守。她可能会变得毫无头绪，对来自同龄人的压力非常敏感，也会变得非常情绪化。

这些都不是她的错——十几岁的女孩正在构建她大脑前额皮质的控制中心。那里就像一个尚未完工的指挥总部。她可以掌控，但是时间不长。当她有压力，注意力被分散或者

第6章
14～18岁：为成年做准备

感到紧张时，她大脑中一个叫杏仁核的地方——冲动和情感反应的中心——就会在瞬间控制她。

虽说在传统社会中，女孩的确在 14 岁就结婚了，但是那些社会对女性的行为规范有着严苛的规定，她的人生就像上了镣铐，每一分每一秒都被限制。今天我们在为我们的女儿寻求一种完全不同的人生——独立，不被性别角色所禁锢，与男性享有同等的机会。要拥有这样的人生，需要的时间会更长一些。

14～18 岁这几年应该是一段密集的准备时间，因为成年之后的生活充满艰辛。你的女儿应该学会自立、思路清晰、情感强大，能处理好与他人的关系，同时能对自己的人生负责。若要求更高一些，她应该有目的性，能够朝着让生活变得美好和有意义的方向努力。在把她交给未来之前，这应该是你对她最好的祝福。

成年意味着什么？

现在我们认为成年是从 18～21 岁这个时期开始的。因此，一个 18 岁的女孩应该能够很好地独立生活了。在法律意义上，她可以有驾照，可以工作，有性生活，喝酒，以及独立做出各种决定。因此我们需要确保她有能力做这些事，而不会伤害自己和他人。但不是不惹麻烦就够了，一个真正的成年人应该有自己的目标和人生目的，她需要弄明白什么对她是真正重要的。因此，在 14～18 岁期间，这也是我们要和女儿一起完成的事。

在这一章中，我们将向你讲述两位年轻女

性从女孩到女人所走过的旅程。她们中一位是一次严重事故的幸存者,另一位是个著名歌唱家,她几乎失去了自己的事业,直到她弄明白自己存在于世间的意义。这是所有的女孩都需要学习的课程,但希望不要通过那么激烈的方式。

> **父母课堂**
>
> ### 半途而废的父母
>
> 有些父母在女儿14岁时就撒手不管了。他们这么做是出于双重愿望:这样既可以把女儿当朋友(这比养育她们容易多了),自己也能感觉青春还在,可以嬉皮,可以耍酷,而不需要变得强大,不需要照顾别人(这都不是什么容易的事)。这样的父母会在聚会上给孩子买酒,这样的爸爸会偷偷塞给女儿50英镑让她可以出城去玩。如此一来,我们看到的是早熟的女儿和幼稚的父母。他们嘲笑她才14岁就摆出20岁的架势,而他们自己呢,都45岁了,却做着15岁的事。这是一种背叛,因为这时候女孩需要的绝对不是朋友,而是父母。她们需要有人规定晚上几点不许出去,在约定的时间开车去接她们,不够年龄时绝对禁止她们喝酒,任何时候都知道她们在哪里、和谁在一起。她们需要这样的父母,他们宁愿不那么受欢迎,也要拯救女儿的生活。

成为女性的启蒙

过去的社会文化对如何养育孩子知之甚少,但是他们采用的方式却被今天最先进的神经学研究证明是正确的。比如,他们对婴儿和小孩表达出极度的爱与宠溺，让他们开心，让他们无拘无束地玩耍。对 6 ~ 12 岁的儿童，他们期望很高，交给他们工作，让他们承担责任。而对于十几岁的青少年，他们无一例外会倾注大量心血，敦促这些孩子，用力将他们推入成年。成为成年人可不能靠碰运气。

近年来，父母们和一些关注青年成长的成年人开始投入精力策划"成年典礼"。这样的典礼包括一系列集中的活动、教导、仪式及情感投入，让女孩知道：父母们会帮助你，并且庆祝你成为女人。

在澳大利亚的学校里，像"成长之旅"和"女性之路"这样的项目正在广泛开展。这些活动让女孩离开自己的日常生活，到另外一个地方去跟年长的女性（包括自己的妈妈、女性导师和老师）一起生活几天。女孩们会从这些女性那里听到关于女人如何成长的故事，会被邀请说出自己对自己的认可和价值观。成年人会欣赏和肯定女孩们积极的态度以及她们对自己的认识，然后邀请她们对小女孩时代说再见（和感谢）。

整个活动充满了成为一个女人的骄傲与荣耀，这是一种女孩们在认识自己时很容易丢失的感受（并往往因此造成悲剧性的后果）。在这些项目的结尾阶段，女孩们回到现实世界。作为活动的一部分，她们的父亲会通过一个仪式承认她们已成为女人，不再是小女孩了。

无论我们参与这样一个正式的项目或者仅仅是承担起作为一个女孩的父母或者家人需面临的挑战，其中的核心要素是不会改变的。

在这个阶段，我们必须向我们的女儿提出的终极问题应该是：你想成为哪一种女人？女孩们会以各种不同的方式给出答案……

"我真诚并且值得信赖。"

"我存在于这个世界是为了帮助别人。"

"我是领导者，我想带领人们走向更好的世界。"

"我是创造者，我要创造美。"

"我骄傲，因为我与众不同。"

成为一个女人的过程中存在的危险也需要我们诚恳地探讨和思考。童年是受人保护的,成为女人之后就未必了。一个女孩对我说过:"如今不再是我父母把我的生活弄得一团糟,而是我自己把自己弄得一团糟!"

通过成年仪式的女孩并不算完全成熟,而只是开始成为女人。但她已经迈入另一个阶段,所以必须着眼于未来,不再有回头路了。

琐碎小事也能教你成熟

成年仪式只是成长的冰山一角。在这之后父母还有很多工作要做,让女儿感受到"分担"的乐趣,成为家庭乃至社区的独立一员,平等参与和提供帮助。父母必须教会女儿这一点,因为若非必须,没人愿意长大。

让人帮忙做饭,处理日常杂事或者分担账单,这不是平均主义或者一厢情愿,这些事情能够传递出很多意义。为他人做事能让我们的内心发生改变。我们做饭,把房间收拾得整洁干净和舒适。我们周末挣点钱,可以用来付账。做这些事也让我们感到骄傲,给我们成就感和自由。

尝试让日常生活成为重复不断、细致入微的教育过程,要心态积极,要有同理心,而不要唠叨和抱怨,要有耐心和同情心(但也要有韧性)。你是她的教练,你得先在她的头脑中"受到欢迎",你想传递的信息才会被接纳:"我知道你累了,但是我们还得继续,我们很快就能做完,然后就可以休息了。"

确保你的女儿或儿子做到以下几条,他们就能获益良多:

- 收拾和清洗他们使用过的东西。
- 收拾好他们自己的东西,这样需要时就容易找到。
- 有礼貌,用尊重的态度与人交谈,不管是陌生人还是家里人。
- 尊重他人的财物。
- 做错时要道歉。要弥补自己造成的损失或者处理好自己造成的麻烦。

青少年若不能做好自己分内的事，要别人替自己收拾烂摊子，就会产生一种负能量，让大家和他们自己都不开心。关键在于养成好习惯，一切自然发生，没有质疑，也无须付出多余的努力。如果置身于一个高效、清洁、让人放松的环境中，你就会感觉良好。如果一开始能这样，那就容易多了，你需要做的就是保持下去。

当然，这只是应对日常生活，除此之外，还有一个广阔的世界需要面对。

这需要她们进入一个全新的阶段。

责任感是最难学习的课程

14岁的玛瑞拉是一个爱运动的快乐女孩。她是家里4个孩子中的老大，在悉尼西部郊区的一所初中上学。一个春日的下午，她和朋友们说说笑笑地走出学校大门，朝火车站走去，他们从那里乘车回家。跟以往的每一天一样，他们一大群人一起穿过离学校不远的人行道。但是这一次，他们听到巨大的刹车声，还没来得及扭头看，几乎是一瞬间，一辆巨大的车子冲向了他们。

一个女孩立刻丧生在车轮下，玛瑞拉和另外5个孩子受了重伤。

玛瑞拉在医院住了差不多半年时间。她的身体接受了很多次手术，然后还要经过痛苦和密集的康复训练才能重新走路。虽然她身体的活动能力还是不能恢复到从前的水平，但她可以像正常人一样生活了。除了一件事，她非常害怕靠近公路。她患了"广场恐惧症"，常做噩梦，常常产生幻觉。她可以坐父母开的车去上学，但这对她和她父母来说都是个痛苦的经历。

她的父母为她找了一位擅长治疗创伤的50多岁的女咨询师做心理咨询，在好几个月的咨询过程中，她教会玛瑞拉如何放松和一些心理技巧，帮她解开过去的心结，锻炼内心的力量。玛瑞拉有了明显进步，但她仍然无法靠近有车辆行驶的公路。如果尝试这么做，她就会无法控制地颤抖，感觉恶心，甚至会腹泻。她的这些症状与士兵从战场上归来，或者结束了非常危险的任务后返回家乡时常有的症状类似。现在大家都知道这种症状的名字：创伤后应激障碍。

玛瑞拉的咨询师是个非常能干且有创造性的人，她从某种程度上可以算是玛瑞拉的一个热情又坚定的阿姨，可以给她安慰，但在需要的时候也能推她前行。马瑞拉已经为下一步做好了准备。她们见面已经超过三个月了。（除非已经建立强大牢固的关系，否则我不建议采用以下的方式。）

"玛瑞拉，我们已经谈论过那天发生的事，你已经逐渐将那件事拼凑起来了。"

"是的。"

"还有些事我们还没讨论过。"

"什么事？"

"当你谈起或想到那次事故，你会埋怨谁？"

"那个司机。那个杀害了我朋友、把我压伤的白痴。"玛瑞拉很生气，但是她表情哀伤，泪水已经在她眼眶里打转了，每次她说起这事时都会这样。

"好吧。所以，你觉得那个司机应该百分百受到指责？"

"是的。"

"而你是一个无辜的受害者？"

"是的，而且很倒霉。"

咨询师顿了顿，深吸一口气。

"你觉得你该承担一点责任吗？"

第6章
14~18岁：为成年做准备

这是个让人心神不宁的问题，沉默在一点点聚集，虽然没什么表示，但玛瑞拉的内心在激荡。

"你什么意思？"

"你们在人行道附近的交通灯是绿灯的时候过马路……"

"是的，我们左右看了，不那么做是愚蠢的。"

"你还应该做什么？"

停顿。

"你想说什么？"

咨询师沉默着。这两个人对彼此非常了解。若非双方关系非常融洽，这样的对话是无法进行的。

玛瑞拉终于开口了。

"我还是不知道你什么意思。"

"你观察过是否有车开过来吗？"

"我们不需要那么做，当时人行道附近的交通灯是绿灯。"

"所以，你没有看？"

玛瑞拉与咨询师对视着，她们的目光交汇在一起，但玛瑞拉心中却有千头万绪。

之后的几周里，玛瑞拉对这次人生事故换了一种看待方式。把自己当成受害者非常容易：她是个孩子，理所当然地在绿灯时过马路，和十多个同学走在一起。他们当然不会预料到会有一辆车向他们飞速冲来，但他们没观察四周，结果，车来了。

谁应该对此负责？司机负全责，已经进了监狱。但玛瑞拉忽然惊慌地意识到她太过相信人行道和交通灯了，对周围的环境没有觉察，注意力不集中，所以没有检查自己是否安全。不是所有的车都会在红灯时停下，不是所有的司机都头脑清醒。她应该先观察四周的。

玛瑞拉的一部分意识是明白这个道理的，当时在场的每个人都明白，但谁都不说。她已经经历了那么多，谁忍心再责备她？但是咨询师知道真相的意义，玛瑞拉也知道。

玛瑞拉会时不时地走入极端，从"我没有责任"到"全是我的错"。她觉得如果自己再警觉些就能救了朋友的命。这种想法让她抓狂。但是咨询师对此已有准备，所以她们继续评估这件事，依靠彼此间强大的信任进行这些艰难的对话。

"你相信司机会做出正确的事，因为他们一直是这样做的。指示行人过马路的交通灯是绿灯。你过去一直是这样过马路的。但是你不能信任所有的司机。你应该先看好路。每一个过马路的女孩都应该这样做。你不能挽救她们。但她们应该挽救自己。"

慢慢地，玛瑞拉承担起了自己的那份责任，不多也不少。

从更深层来说，这一课叫作"成长"。它来得很及时。14岁的女孩刚刚开始成为女人，而成年的意义一部分就在于认识到世界是残酷的。你需要为自己负责。保持高度清醒和警觉，你可以在很大程度上保障自己的安全。

在之后的几周里，这一课已经不仅仅是个念头，它成了玛瑞拉的一部分。导致她受重伤的一小部分原因是她自己的行为。她可以改变这种行为。她可以不做受害者，而更多地把握自己的命运。承担哪怕5%的责任也是一个痛苦的教训，但也能为她增加力量。车子是危险

的，如果你不小心，就会让它们变得更危险。以某种方式认识到这一点，让玛瑞拉不再恐惧。她开始靠近公路，不再需要低着头，也不再颤抖，而是可以睁大眼睛，看好周围的一切。

如今当玛瑞拉走过那个路口，心中闪烁着的是安静和坚定。她曾经面对过死亡，知道死亡始终伴随我们左右。她很高兴自己活着，决心好好活着。她不仅仅是被治愈了，她也成长了。

成年时代的秘密

现在来了解一些更现代的观念。接下来要讲的内容有点深不可测，但我希望你能和我一起去了解。我逐渐开始相信，成人和孩子之间最大的区别在于是否知道自己为什么会存在于这个世界。

仔细想想，一个孩子是为他或者她自己而存在的。这当然没有错，但这并非我们的终极目标。无论是古老的智慧还是现代积极心理学的研究都告诉我们，只有走出对自我的沉迷，学会关照更广阔的世界，而不是我们自己的生活，只有这样，才能获得最高层次的幸福。

这种观念很容易被误读（尤其是基于女性自身的历史），认为女人要成为牺牲品，只为他人生活。这可不是我想讲的意思。

有那么一处所在，是我们最深的需求——我们真正爱做的事——与我们生活的世界的需求交会的地方。若能找到这处所在，就能获得纯粹的快乐。

下面这个故事将帮助你明白我的意思。

一个找到灵魂的歌唱家[22]

蜜西·希金斯是一位澳大利亚歌手，她的歌声情真意切，充满原始的美感，因而在全世界广受赞誉。这位智慧的女性成名很早，12岁时就在全球发行了专辑。她的第一张专辑是用学校音乐教室练习用的钢琴伴奏的。一夜之间，她就站在了世界的舞台上。但是，突然的声名鹊起和迅速曝光却令她不知所措，她被惊慌击倒，无法再登台演出。

她的身体之前就出过状况，11岁时她曾因精神崩溃而住院。那次经历也让她发现了自己的父亲一生一直在与抑郁症做斗争。

蜜西·希金斯暂时放弃了表演，要求她的经纪人拒绝所有邀约，甚至不回复邮件。这个规定，经纪人执行了两年之久。她花时间静修，四处旅行，见治疗师，去大学读书，非常努力地拯救自己的人生，摆脱迅速成名强加于脆弱的心灵所造成的伤害。

这并不容易——灵魂之旅从来都不容易——但在那之后，发生了一件事。或许这是个机会，或许这是寻求真相的所有真诚的努力带来的自然结果。蜜西·希金斯的经纪人在一念之间打破了沉默，发给她一个在参加者全部为女性的莉莉丝音乐节上表演的邀请。她的心里有个声音说："去吧……"

她的表演棒极了。演出之后，激动的歌迷们包围着她，真心感谢她的音乐在过去这些年带给她们的一切。她突然意识到自己的音乐天赋是为别人而存在的，这就是她能为人类所做的贡献。

她重新开始创作、录制和演唱歌曲。表演者若想让自己的艺术生命更持久，就必须认识到"这不是关于我自己"，我觉得这种说法是有一定道理的。一旦你意识到自己优雅地站立在那里，是为了向你的听众传递爱，那么那些想要成功的焦虑和压力，那些被曝光的感觉，那些无助感，就会逐渐融化了。

到 18～20 岁或者 25 岁，无论是从哪个年龄开始，进入女人的阶段都会让女孩到达一个神奇的地方。她会知道自己握住了命运的缰绳。她会知道幸福的秘诀不是沉迷于自我。她会感觉到与生命的连接，感觉到自己是整个人类的一部分。真正的历险开始了。

继续梦想

到这个章节，从女孩到女人的五个成长阶段就结束了。在结尾，让我们一起梦想吧。无论你的女儿现在多大，想象一下她将成为什么样的女人，或者开始定下目标，都是不错的想法。所以，倚着你的椅子或者枕头，开始这段旅行吧。

你住在绿荫覆盖的街道上的一所宁静的房子里。已经是夜晚了，但夏日白天的阳光还残留着它的温暖。你上了年纪，但依旧强壮，状态很好。你从窗户望出去，看到马路上有一辆车正在停车。这是一辆电动车，没什么噪声，车型别致又时髦。

一位年轻女子从车上下来，仔细一看，你发现她正是你已经长大的女儿。她看起来什么样？她穿着什么衣服？

她身边有伴侣吗？有孩子吗？你出门去迎她。你能看到她是什么样的人吗？她的声音听起来如何？她有多高？她是否结实健康？她的时间和智慧用来做什么事？让你的想象来填充这些细节。

你将她领进门，你们坐下来交谈。她跟你说了什么？你的感受如何？你能看到你给她的童年与如今她拥有的力量和品质之间的关联。你感到骄傲并且非常满意。当你离开，一个优秀的女人会继续生活，她还将把你教她的一切传给她的后代。

本章小结

- 从 14 岁到 18 岁，帮一个女孩做好成年的准备需要很多教导。
- 成人仪式有助于迈过这个阶段，这需要你的帮助。
- 工作和责任感是"成年训练"中不可或缺的部分。
- 玛瑞拉从一个可怕的事故中学习到，她可以掌控自己的命运。
- 一位天才歌唱家从"给予"中找到了平静。成年意味着逃脱自我的牢笼，投入更广阔的人生。
- 只有让自己强大，你才能与他人建立良好的关系。
- 18 岁不意味着成年，而只是成年的开始。

Raising Girls

第2部分

危险与帮助：如何度过八大危险区

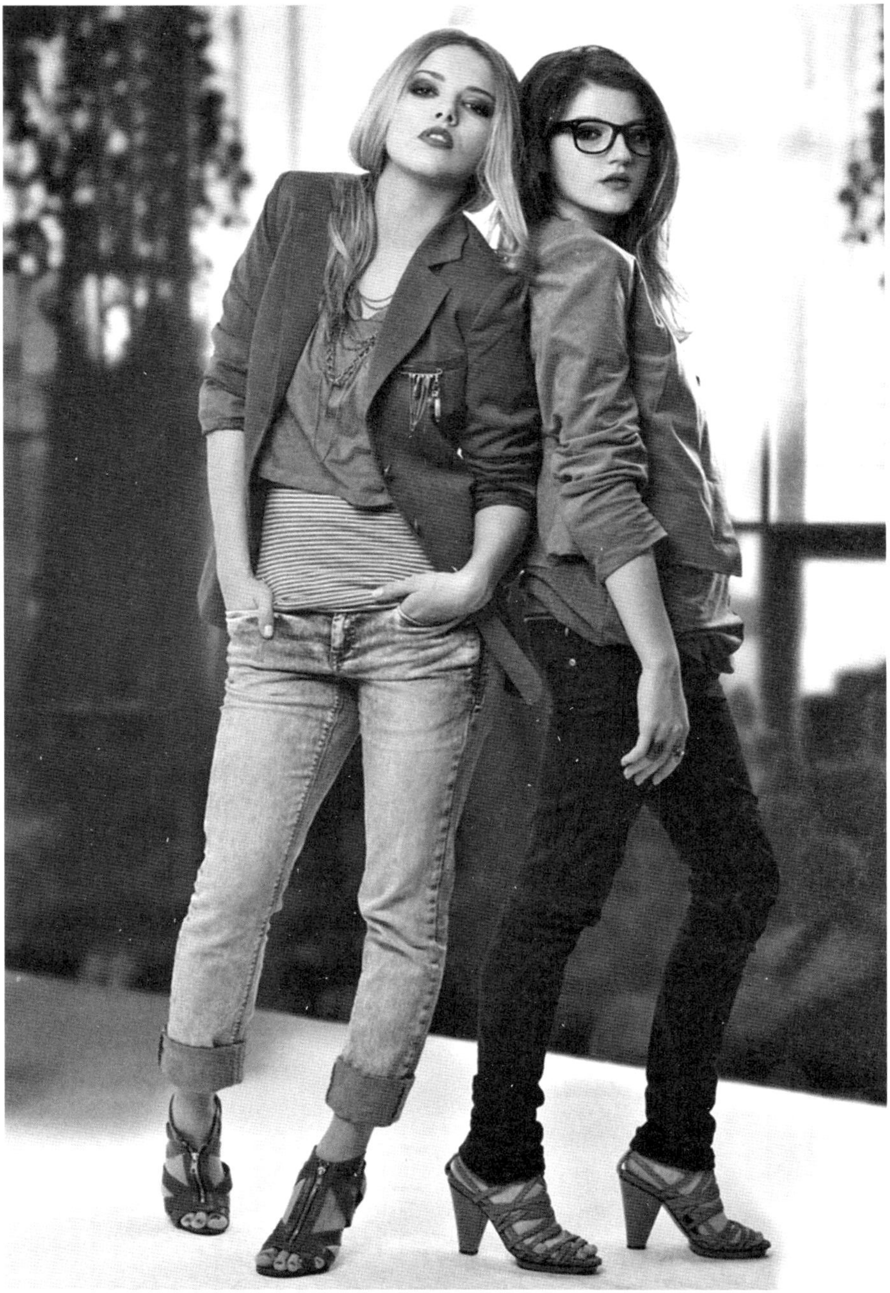

第7章 Raising Girls
早熟与过早性感

写这本书的第四个年头,我向愿意听我说话的每一个人了解了他们对女孩的现状的看法。美发师、出租车司机,还有乘飞机时邻座的人,他们都迅速加入这个话题中来。我的朋友、家人和同事,所有人都说了同一件事:女孩们的成长过于迅速了。

每位父母都熟悉这些:大多数8岁的女孩已经开始担心自己的体形,已经有12岁的女孩不化妆就不肯出门,面向10～14岁孩子的杂志在讨论口交。我们似乎任凭这一切就这么发生,没有问问这样好不好。当然不好。

我的一个朋友,一位精力充沛、不知疲倦的年轻女性,致力于呼吁人们重视女孩的精神健康。她探访学校,和女孩们谈论她们的生活压力。有一天,她收到了这样一封信:

你不认识我,我只是今天听你讲座的女孩中的一个,但我感觉你的话好像是专门对我说的。

在今天之前,我一直认为我的乳房太小,所以要成为一个真正的女人,我必须去隆胸。而且,在今天之前,我一直都相信我朋友的话——如果到16岁我还不能让自己显得性感,那我的人生就失败了。

听了你的话,听了你说的所有话之后,我不再那么想了。我感觉非常快乐和强大。你告诉我，我一切正常，我就是我自己。在听你这么说之前，我绝不会相信这样的说法。

写这些话时我流泪了。对你我无以为谢，我所能做的就是把你告诉我的再告诉其他和我一样的女孩。

这封信既让人感到欣慰，又让人难过和生气。女权运动都进行40年了，我们的女儿应该有自由选择的权利，有成为自己的权利。她们应该深知自己是独一无二的、有价值的。然而女孩们比以往更加没有安全感。她们纠结于自己外表如何，是否"惹火"。有些女孩甚至不再关心除此之外的任何事。

根据"是否招人喜欢"来评估女孩，就像把女孩当成商品来分级，这一下就把女孩们带回到了50年前。如今，这已经是每所小学都存在的问题。这不是新问题，但是变得更加严重、更普遍，几乎没有女孩能够逃脱。

自然状态下，性特征如何能快乐地成长？

我们先来谈谈其中的意义。如果让他们自然发展，所有的年轻人都会在青春期开始有性意识，从而进入生命的一个新阶段。这是个缓慢的过程，开始他们很自然地保持沉默，会觉得尴尬，正是这种状态让事情的发展保持可控的步调。

举个例子，10岁出头或者14岁与15岁的女孩常常会对不关注自己是否性感的男孩乐队或者男性歌手表现出狂热的喜爱，这也许是因为女孩们可以从他们那里获得一种温和的、可控的感受，从而让自己感觉到安全和自在。

女孩往往会经历这样的过程：在10岁出头的时候勉强能忍受男孩，到14岁或15岁时觉得男孩有意思但招人厌，然后逐渐会找到一两个男孩，在成熟的过程中与他们愉快相处，成为好朋友。幸运的话，她们能与男孩在群体中混杂相处，得到更多机会练习交流，了解男孩在不同环境下的不同个性。如果她们遇到一个有趣又善良的男孩，喜欢聊天，不会奚落或嘲笑他人，她们就会愿意跟他约会。

> **父母课堂**
>
> ### 三个L
>
> 被你并不喜欢的，根本就不愿意跟他相处的人所吸引，这也不是什么新鲜事。激素有时就会产生这样的作用。教你的女儿理解"3L"会有帮助：喜欢(liking)，爱(loving)和欲望(lusting)。这三个词的含义各不相同。我们最希望的是对一个人同时产生这三种感受，不过，至少我们应该能分清它们之间的不同。将欲望误认为爱，将爱误认为喜欢，或者将喜欢误认为欲望，都有可能造成严重的麻烦。爸爸妈妈应该以一种轻松但是严肃的方式跟女儿探讨这些感受。女孩们必须有能力处理这些感受，因为它们将在很大程度上决定她们是否能成功拥有愉快的男女关系。

男女关系开始时伴随着警惕和尝试。事实上，年轻人的爱就是一种探索，随着信任的建立，两个人之间逐渐发展出亲密的关系。这是人生最甜蜜的时刻之一，你会感到整个人充满活力，世界无比美丽。而将孩子性别化就会对这个阶段造成很大伤害。媒体打造的对性感的需求，相信性是获得爱的方式……这一切让今天的孩子们无法听从内心的声音做出自然的行为，而是按他们以为自己应该遵循的

方式行事。

他们觉得如果不那么做，他们的伴侣就会离开。当发生性行为时，他们也不会感到放松或者激动，而是非常焦虑，担心自己的"表现"，琢磨着自己跟别人怎么比，以及应该使用什么技巧。这部分的人生本该很美妙，却被悄然地偷走了。这是个很大的损失。

女孩们向研究者透露说，她们的性行为有很大一部分是为了让男孩高兴。而她们自己却常常感到空虚和不满意。就像100年前"躺下，想想英格兰"①的态度一样，这些女孩已经认为性是一件不得不做的事。很多女孩会在晚上和男孩出去时喝很多酒，就为了让这件事变得容易些，显得不那么真实。

父母课堂

事实

当墨尔本拉贝托大学的研究人员再次针对青少年的性问题进行大规模调查时（首次调查是在2002年，2008年又进行了第二次），他们有了令人震惊的发现。这些发现极大地刺激了我们这些从事与青少年相关的工作的人，让我们感到非常惊讶。调查发现，在校期间拥有多个性伴侣的女孩的比例在过去6年中增长了一倍。[23] 跟30年前相比，这个人群的百分比从4%上升到了20%，并且毫无下降的迹象。当你读到这个数据的时候，它可能又升高了。多个性伴侣的定义是3个或以上，年龄是17岁以内。

---

① 躺下，想想英格兰（lie back and think of England）。这句话流行于维多利亚女王统治时期的英国。这句话可能出自爱丽丝·希灵登（Alice Hillingdon）夫人的日记。通常是妈妈给即将出嫁的女儿的建议——关于女儿如何处理与她未来丈夫的性关系的建议。——编者注

与多人发生性关系对身体没有好处。尽管避孕套的使用情况已经有了很大进步,但很多女孩会服用避孕药,因此并不觉得有使用避孕套的必要。女孩们如今面临着很高的感染风险,包括衣原体感染在内的感染将影响她们的生育能力,而口交也大大提高了口腔和咽喉癌症的发病率。

我们需要早做准备,防止我们的女儿被洗脑,顺着"过早性感"这条路滑落下去。如果可能,管理进入你家里的媒体是第一步。

父母课堂

恋爱关系,多早算太早?

人类发展过程中一个最重要的教训是:你不能跳级。你必须先砌墙,再建屋顶。我们塞给女孩的需求和行为是她们的神经系统还没有准备好去应对的,因此我们让她们感到混乱。大多数14~18岁的女孩正在形成对自己身份的认识。想象一下,如果一个15岁的女孩与一个男孩建立了非常亲密的关系,而在这个年纪,她对自己还缺乏认识,那她会很自然地寻求男孩对她的"认识"(男孩对女孩也一样)。

她还不是很有安全感,因此可能会黏着男孩不放,会烦恼,会担心他不喜欢自己。男孩表现出来的任何漠视都会令她跌入深渊。除了他喜欢的和他想要的,她不知道什么是自己喜欢的、自己想要的。如果他们同龄,他也会有同样的问题。如果他比她大,就会发现一切都由他说了算,因此很难不发展出一种由他做主的强势关系。(未能和父亲发展出良好关系的女孩常会将对父亲的需要与对男友的需要混为一谈,也会被卷入男友强势主导的关系。)

14~16岁的女孩通常都有男朋友。在生命中拥有一个特别的人是件好事,但也常伴随情感危机,并且往往不能持久。如果有性关系发生,往往更容易使感情破裂,并且为将来的关系留下后患。所以,慢慢来才是正道。

阻止有毒的狂潮

尽管不愿意承认，我们人类仍然是"群居动物"。在密集的社交关系中，我们会从周围人身上获得关于"什么是正常"的信息。但是今天，这些信息并不完全来自真实的人，有很多来自媒体——电视、电影、音乐录影和杂志。在过去50年中，尤其是最近10年，我们不再与家人、亲戚和朋友一起共度时光，而是独自待在自己的房子里。有评论家认为，与50年前相比，现在的女孩只有1/5的时间与关心她们的成年人相处。[24] 在过去的年代，奶奶就住在另一条街上，好几个阿姨或者妈妈的朋友都住在同一个小镇。那时候，女孩们能在生活中找到可以聊天的"智慧的女人"。

如今一切都变了。我们观看关于邻里之间的节目，而不是跟真正的邻居聊天；看《老友记》，却不跟真正的朋友在一起。（电视在某种意义上成了我们的家人，它像快活的不具危险性的男人和给人安慰的充满母性的女人，陪我们一起吃早餐，就像当年爸爸和妈妈做的那样。）

成年人看电视是为了娱乐，而我们的孩子却另有目的：寻找什么是正常的行为。当然，他们看到的一切完全谈不上正常。一年又一年，为了引起我们的兴趣，电视节目变得越来越强调暴力、性，充满虐待性和激烈的情感。其中的角色个个光彩照人、热辣火爆，这样人们才爱看。所以，电视上常见的场景其实与真实的生活大相径庭。

许多孩子最爱的是所谓的"真人秀"节目。这些节目通常表现的是幼稚的年轻人置身于做作的调情和拉拉扯扯的场景中，充满拒绝、伤害、以强凌弱和孤立他人。孩子最明白拒绝和疏远别人是怎么回事，因此他们看得很着迷。他们会看到相互争夺的卑劣行为，看到自私和残忍被表现得很自然。他们会认为世界本该如此——一个巨大、冷漠、人与人之间互不关心的地方。如果你不够漂亮或者不够性感，你就不会被"选择"。

变化还不止这些。在我们小时候，孩子们所见的一切是十分清晰的。如今，一切都模糊了——下午的节目中会插播恐怖的新闻报道，所谓的"家庭节目"中充斥着粗鲁和充满攻击性的行为。（在经典剧目《好汉两个半》中，总是不断有成年人与孩子开一些与性有关的玩笑。）

我们不能教她们学会抵制吗？

媒体造成的破坏绝不只是表现在某一个节目或某一方面，而是形成了无法遏制的破坏性的洪流。孩子们一点点地被洗脑，正常的思考、感受、外表与行为被改变了。通过帮助，他们可以抵制其中的一些，但这非常困难。专家们会建议我们跟孩子一起探讨媒体传播的信息，帮助他们识别那些错误的信息，并且保持警惕。这样的建议没有错，我们的确应该这么做。但媒体的诸多影响很难被察觉，它们依然在发挥作用。

电视和杂志中的广告对女孩内心的影响尤其明显。全球每年花费数千万美元向孩子们推销各种无用的东西。她们购买的这些东西是上一代的女孩根本不需要或者想不到的化妆品、护肤品及护发用品，各种潮流产品和鞋子堆满了柜子。十年前，一个十几岁的女孩会很开心地穿着牛仔裤和简单的T恤去逛街。今天的女孩在出门前往往要花一个小时，焦虑地做各种准备。甚至给小女孩的玩具和游戏也是关于时尚、美容、做模特和如何变得性感的。

广告的目标是打击你的心理，让你担忧和不满意。如果你打算卖东西给女孩子，不管她是4岁还是14岁，你首先就得让她对自己的相貌、衣着、体重、皮肤和头发产生怀疑。

电视、杂志、广告牌及音乐录影无所不在地向女孩灌输"外貌主义"的信息。结果就是：本该对外貌毫不在意的孩子们如今将外貌视为她们最关注的事。

衣服曾经就是用来御寒的。如今妈妈们却抱怨很难给小姑娘们买到不暴露，或者像有些人形容的那样——"不放荡"的衣服。一个给性工作者做咨询的同事告诉我，她的客户们不再担心自己走在街上会被认出来，因为如今17岁的女孩子们打扮得跟她们一模一样。听她这么说，我忍不住笑了。

父母课堂

整形手术

最近在澳大利亚悉尼的一次演讲之后，我被一群年轻的女医生围住了。她们告诉我有很多十几岁的女孩向她们要求做阴唇整形手术。这些女孩在看了色情电影或者图片后担心自己看起来不够"整洁"，想要修整一下。美国妇产科学院最近也因为担心这种趋势而发布了一个关于这类手术可能产生的副作用的警告。这些副作用包括神经损伤、性交疼痛、组织粘连以及留下疤痕。

> **父母课堂**
>
> ### 我们要小心这样的情况
>
> 很多有电视的家庭都有这样的习惯——让电视整天开着。早上醒来第一件事是开电视,晚上睡前最后一件事是把电视关掉。在这些家庭中,会看到一些很明显的现象:
>
> - 没人能好好交谈(长时间的、深入的交谈),因为当人们的注意力总是被分散时,就无法交谈。"以电视为伴"的家庭成员很少说话,倒是常常抱怨。
> - 孩子们吸收了关于生活、关于世界的无数消息——令人迷惑的、随机的、恐怖的、扭曲的、不自然的,还有会平白带来痛苦的。看太多电视的人比不看电视的人更加焦虑、压抑,会担惊受怕,注意力不集中及感到无助。对于刚看了不该看的内容的3岁小孩来说,不管父母如何解释"那不是真的",对他们来说,那都比生活更真实。因为,电视上就是这么演的。
>
> 你会邀请可怕的成年人到你家里来,让你的孩子感到焦虑,给他们压力,让他们购买他们并不需要的东西,解决他们并不存在的问题吗?作为父母,你需要对你家里的情绪安全负责。需要由你来决定谁出现在你的家里,可以看什么样的电视节目。电视试图主宰你女儿的内心,你不能允许它这么做。

我们能做什么?

我们先来解决容易的问题。在入侵孩子生活的各种媒体中,电视就像珠穆朗玛峰那样高高屹立。虽然网络也占据了青少年不少时间，但在孩子求知欲最旺盛的那些年，电视扮演了老师的角色，陪伴了他们上千小时。它始终在客厅的一角，有时还出现在很多其他房间。它就像第三位家长。

它教了些什么？研究者确认了以下 6 个关键信息：

1. 你的相貌对你来说是最重要的事。
2. 你的身体特征（体形、体重、皮肤、头发、牙齿、肤色、体味）从来都不够好。
3. 你需要用性来交换爱和关注，或者权利，或者特别的喜爱。
4. 与你不认识的人或者你特别喜欢的人发生性关系是正常的。
5. 这个世界是一个恐怖、孤独、充满危险和竞争的地方。你要赶快行动，否则就输了。
6. 解决人生任何问题的方法就是买点什么。

如果你也认同上述观点，那你和电视是同一阵营的。如果你不同意，那么，你就得采取行动。

第一步：卧室里不能有电视

世界各地的研究都表明，拥有属于自己的电视的孩子会看到更多不合适的内容，而且是在你不知情或者没有与你讨论的情况下。

这会产生很多危害。他们会更容易焦虑，睡眠时间明显减少，在学校里表现也不好。如果你孩子的卧室里有电视，赶快把它拿走！

第二步：小心选择你看的节目

对孩子在什么年纪可以看电视这个问题你需要做出决定。有的家庭甚至选择不买电视。目前有 3% 的家庭做出了这样的选择，这个比例还在上升。[25]

这些家庭的孩子更有创造力、更安稳,在学校表现更好,有更广泛的兴趣。

一些家庭采纳了美国儿科学会的建议,不让 3 岁以下的孩子看电视。(美国儿科学会发现电视对婴儿和小孩子毫无益处,甚至会造成明显的伤害,影响他们的语言发展,让他们产生压力,减少他们活动的时间,甚至损伤视力。因为小孩子需要交替地看远处和看近处,而电视的观看距离是固定的。[26])

有的家庭有电视,但是只用来播放 DVD 以及预先录制好的节目。他们发现小孩子喜欢反复地看同一个节目,熟悉同样的对话和歌谣。用这种方法,他们还可以避免看到广告、插播的恐怖的新闻和宣传内容等多数电视台都会有的东西。

还有些家庭,他们的孩子年龄有大有小,只在播出某些特别的节目时才开电视。这些节目是由每个孩子选出来的。每天看电视的时间大概是一个半小时,他们从不会让电视整天开着。

杂志

杂志的状况也是一样的,尤其是时尚杂志和少女杂志,上面充斥着化妆品和服装广告。别买这些杂志,你会有更好的选择。少女杂志偶尔会突发性地进行整顿。有家杂志最近停止使用修饰过的照片,另一家则停止了模特征集。但是不久之后又故技重演。有时这些杂志也会刊登值得一读的文章以及提供不错建议的专栏,但是因为广告是这些杂志存在的理由,所以它们不会停止最基本的伤害行为——让女孩们不喜欢自己本来的样子。其实这样也卖不出去什么东西。广告业是一个令人痛苦的行业——它让你觉得自己和自己的人生都不快乐。女孩们可不需要这样的帮助。

然后就是内容:哪种男孩很性感,如何变得性感,还有性感大比拼。我们还可以列举更多,但我想你已经明白我的意思了。

总结一下,你可以选择出现在你家里的媒体,而且你现在就可以行动。如果你的女儿还小,这样做可以带来巨大的改变。如果她们大一些,那么这么做也还来得及。同时你还可以做这本书里提到的其他一些事：让她们更多地感受到被爱，感受到自己的独一无二，让她们可以将自我意识建立在"我做了什么"而不是"我长得怎样"之上。这样，你就可以帮助她们建立对社区的归属感、与其他成年人的良好关系，并培养一些爱好。这样一来，在自我意识建立的过程中，就有了很多保障。这些因素会共同作用，你只需要睁大眼睛，保持警觉。

父母课堂

女孩与欲望：你应该教给女儿什么？

读过许多关于年轻女孩与性的讨论之后，你可能会觉得这个问题只会带来麻烦。因此非常有必要先澄清认识，性是一件美好、激动人心并且能促进健康的事。女孩应该拥有和享受它，应该陶醉其中。女孩与男孩的欲望和渴望是一样的。我们做父母的，尤其是妈妈，应该在我们的女儿被欲望控制之前就告诉她们：性很了不起，她们会爱上它的。

美国妇女研究中心的戴博拉·托尔曼在她的《两难的欲望》（Dilemmas of Desire）[27]一书中记录了对一些女孩的访谈，内容很令人惊讶。她发现了一件值得关注的事：十多岁的女孩谈到性时，都过于强调负面影响。更严重的是，在听她们描述自己过往的性经验时，她们常常是脆弱和被动的。总结起来就是一句话："就这样发生了。"和一个她们并不确定是否喜欢的男孩在一起，喝了太多酒，然后就自然而然地发生了性关系。这就是她们对性关系的体验——没什么选择，也没什么渴望，并非真正出于本意，也完全没有主动意识（积极地需求

第7章
早熟与过早性感

并获得愉快的感受）。在她们的描述里,很少听到"我想要""我愿意""我享受"。

这种状况的确需要改善。成年人非常担心青少年变得过于性感,而与此矛盾的是,托尔曼及其他人,包括我自己都开始认为,女孩如果能认识到自己的性渴望,能够自在地承认和表达这种渴望,那么她们就更有能力对是否要发生性关系以及和谁发生关系、在什么情况下发生关系做出选择。

过去,父母和社会舆论往往会传递这样的信息:女孩分两种,"坏"女孩就是喜欢性,"好"女孩就是不喜欢性。这种认识对女孩造成了很坏的影响。如果一个女孩感觉到了渴望,她就会将这种感受标记为"不好"的,并且压制它。或者,如果一个女孩想要显得叛逆,她就会选择跟人发生性关系,哪怕她自己其实并不想么做。这对她来说只是在表达一种态度,证明自己不乏味,是有价值的。这样就把一切都搞乱了。

恐怕不是每一对母女都能够谈论这个话题,但还是值得去尝试。有的青少年不愿意跟父母谈论这个话题,但我们要确保有人会跟她们谈。这个人可以是阿姨或者年长的女性朋友,由她们来谈可能比妈妈更让女孩觉得放松。托尔曼在她的书里说:"我访问过的女孩都说根本没有成年女性曾经'像这样'跟她谈论过关于性的渴望和快乐的话题。'像这样'的意思是公开、明确和深入地谈论。"或许,我们应该这么做。

本章小结

- 主流媒体，半是无心半是有意地正在把性感变成女孩们的必需品，并且，它们正在影响着越来越小的女孩。
- 在十多岁的女孩身心都还没有准备好的时候就将她们性别化，是非常有害的。
- 如果过于在意表现，浅薄又匆忙，会毁了年轻的爱。
- 今天的女孩子们对自己的外表、衣着以及是否符合潮流感到非常焦虑。

- 如果从很早开始我们就可以减少或者干脆杜绝电视在孩子的生活中出现,那么我们就能改变很多事。我们可以谨慎挑选杂志或者其他媒体。
- 我们可以跟我们的孩子谈论性,帮助他们建立一种有控制力的、谨慎的对待性的态度——性应该是独特的、私密的,而不是一种商品。
- 少女杂志对女孩来说弊大于利。
- 你所做的所有积极的努力,能够帮助你的女儿建立人际网络,以及培养广泛的兴趣。而她可以在自己准备好的时候,根据自己的选择,拥有幸福的充满激情的性生活。

第8章 Raising Girls
坏女孩与同辈欺凌

这不是一所肮脏的坏学校——四周有树和空地,远处有漂亮的房子——但女孩们似乎被什么东西控制了。大概有十个女孩围成一圈,把新来的人围在中间不让她走。她们叫着她的名字,逐渐向她靠近,将她推来揉去,她的脸上满是泪水。她们最终停了下来,散了。但这样的记忆会跟随那个女孩好多年,有时会将她从梦中惊醒。

新闻里常报道各种欺凌事件,无论在成人世界还是孩子的世界里,这些事似乎无处不在。专家认为,欺凌现象没有变得更加普遍,是因为人们最终不愿意再忍受,开始抗议。认识到欺凌是一种恶行,就是制止它的第一步。

欺凌在女孩中间常常以非身体接触的方式——中伤他人,在网上传播恶心的谣言,排挤他人或者让人觉得难堪,用眼神和表情贬低他人——表现出来。这些行为有时被称作"关系攻击",意思是虽然你没有受到身体上的攻击,但依然受到了伤害。

身体上的攻击也时有发生,尤其是在年龄比较小的女孩中间,当然也会来自男孩。在世界范围内,学校中的欺凌现象影响了 1/5 的孩子,给数百万的男孩女孩制造了很多痛苦[28],在非常严重的情况下还曾经引发过自杀、枪击和持刀行凶事件。面对这样的事,我们不该沉默。

第8章
坏女孩与同辈欺凌

年纪小，但是很强大

这是新西兰惠灵顿的一位妈妈讲述的故事。她的女儿凯瑞7岁，是班上年纪最小的孩子，她活泼、聪明，很喜欢上学。一天，凯瑞从学校回家的时候显得非常沮丧。她在妈妈的怀里抽泣，不肯吃晚饭，也不愿意说到底为什么那么不开心。然后，那天晚上，她终于告诉爸爸发生了什么事。

学校里一个比她大很多的女孩连着好几个星期欺负她，把她从朋友们的游戏中推出去，然后占据她的位置。这种经历既讨厌又恐怖，而且那个女孩好几次使劲捏她的胳膊，把她弄伤了。但最大的伤害是那种无助感和耻辱。也是因为这个原因，她觉得很难开口把这事告诉家里人。

凯瑞的爸爸妈妈当晚就给学校负责人写了邮件，他们的邮件标题是投诉，这样显得正式并且不会被忽视。第二天，爸爸打电话约班主任老师在当天下午见面。老师跟那个小团体的所有女孩都谈了话，了解了更多的情况。然后他将凯瑞和欺负她的女孩叫到一起，让那个女孩向凯瑞道歉，并且承诺不再那么做。凯瑞愉快地说，最近她很少被欺负了。

因为有了这样细致的介入，再加上谈话的影响力（那次谈话是经过精心安排的，语气平静，不带任何惩罚的意味），欺凌行为停止了。

凯瑞的父母注意到，她选择对爸爸诉说这件事。凯瑞家有5个孩子，爸爸非常忙碌，但他认为这是凯瑞在向他求助，所以决定要为女儿多做些事。他和凯瑞开始一起在附近的一个运动中心游泳。这是他们父女之前从未做过的事，他们都非常开心。在水中的感受让凯瑞获得了自信，她在学校也开始喜欢游泳了，因为她现在对这项运动非常熟悉。她也非常喜欢和爸爸一起度过的时光。凯瑞的自我价值感有了明显的提升。

总的来说，大家的回应让这个事件成为一个帮凯瑞增强自信心的契机，将危机转换成成长的机会。

三个组成部分

欺凌的场景往往由三个部分组成。

第一部分是欺凌者。这样的人通常都认为自己很糟糕。他们需要将自己的痛苦转移到别人身上，才能感觉好一些。对那些欺负别人的孩子的研究发现，他们往往有抑郁的情况，并且在之后的生活中容易出现自杀倾向。那个欺负凯瑞的女孩在学校就是独来独往，家里的情况也不好[29]。很有可能是这个女孩忌妒凯瑞的快乐，忌妒她有朋友，同时凯瑞年纪又小，所以就将她看成了一个可以随意推搡、欺负的对象。

第二个部分是受害者。凯瑞不该被欺负，但是她从这个过程中重新获得了力量，很有可能在未来她就能够站出来为自己说话。有证据表明，应对欺凌时，回击并不是好的解决办法——通常欺负你的人都比你强大，或者有帮手[30]——但是用语言回应，表示生气以及寻求帮助，清楚表示你有不被推来搡去的权利，这些都会有用。

最后一部分是旁观者。如果他们能出头，表示对欺凌者的反对，能支持受害者，在需要的时候讲述实情，通常就能够阻止欺凌。这样做很难，因为女孩们常常认为如果这样做，她们就会成为下一个受害者。告诉你的女儿帮助弱小是很重要的，告诉她想干预的时候应该怎么说，比如："嘿，这样不公平！""她是我的朋友，别碰她。""别傻了，你这样会弄伤她的。"同时还需要伴随一些表达自信的身体语言。

在凯瑞的案例中，校方做出了很好的回应，为处理这个事情投入了足够的时间和精力。学校负责人将这次事件看成是创造一个更安全的环境的机会，并且采用非处罚的方式做了处理。学校老师还探讨了应该如何帮助欺负别人的女孩，因为很明显她在生活中遇到了难题。

"三个组成部分"非常重要。有时，给"受害者"长期的支持会让他们更自信，并且能让他们找到发展自身力量的方法。在凯瑞的例子中，这种支持来自和爸爸的相处。"欺凌者"也会更加了解他人和自己的感受，这个过程可能很痛苦，并且需要很多关爱。在与之相关的社区中——学校、家庭或者工作单位——当人们开始诚实地讨论现状，不再无视，那么社区也会因此改变。

大声说出来

罗莎琳德·怀斯曼因为她写的关于欺凌和女孩的书《蜂后和她的崇拜者》（*Queen Bees and Wannabes*）而享誉世界。罗莎琳德就像是那种你一直想要的阿姨——友好、坦诚、能提供非常清楚的建议。她多年来都在为女孩们讲授关于自信的课程，女孩们也经常跟她分享自己在社交以及个人生活中遇到的欺凌和小团体问题。如今，她全职投入"对待他人的方式来自你对自己的认识"这个课题的推广中。她的建议非常清晰。

一个13岁的女孩被男孩（用淫秽的语言）取笑她乳房的大小，罗莎琳德的建议是："详细地把他对你说了什么写下来，在什么地方、什么时候说的，以及你的感受，都写下来。带着这些记录去找你们学校里最有智慧、最好的咨询师或者老师寻求帮助。你完全有权利不被别人这样评论。"[31]

一位阿姨和一位母亲因为她们14岁的女孩给男孩发带有色情意味的短信来寻求罗莎琳德的意见，罗莎琳德完全打消了她们对于所谓隐私的顾虑："那手机是你买的，你为它付账。所以那手机属于你。还有，短信不是什么隐私，任何人都能看到并且传播。如果你想保密，那就写在日记里。发短信是一种公众行为，父母需要了解其内容。"

虽然她明确建议父母干预此事，但是罗莎琳德也对事件双方都表示理解。她指出，女孩想在男孩面前显得成熟和性感。在她看来，这是女孩发这些短信的原因。而在男孩看来，她是在宣称自己有能力做她短信里说的那些事。也许真的是这样，也许不是，但是父母必须采取保护性的干预措施。父母应该能更好地掌控结果。他们可以用敏感温和的方式处理这件事,但是必须清楚地亮出底线。

旁观者的重要性

罗莎琳德的工作也强调了旁观者的重要性。2011 年,她帮助美国 NBC 电视台制作了一部纪录片,该片记录了一次非常有启发意义的实验。十几岁的女孩被带到演播室,留在一间大屋子里选衣服,她们认为这是一次关于她们对时尚的选择的节目。

每一组女孩里都有 3 个是职业演员,但是其他人对此并不知情。其中两个会根据收到的暗号开始欺负第三个人(其中一组是嘲笑她的体重,另一组是攻击她的衣着),以此观察其他女孩的反应——她们是会帮助被欺负的人,还是会一起欺负别人?与此同时,这些女孩的父母在另一个房间里观看。

实验结果非常让人震撼。尽管我们每个人几乎都曾经被欺负过,但看到这样的场景还是很难不受影响。在一些场景中,旁观者站出来说话了。有个女孩表现得尤其好,她完全不允许那两个演员对第三个人言辞粗鲁。但在另一些场景中,旁观的女孩表现得紧张和不自信,最终加入了嘲笑的行列。

(欺凌者的一个典型策略就是在开始挑别人刺儿之前将其他人也拉进自己这一派中。而缺乏安全感的女孩往往会因为担心自己被排挤而加入欺凌者的行列。)

在隔壁房间通过监视器看着自己的女儿参与嘲笑别人,或者对欺凌别人的行为无动于衷时,这些女孩的妈妈流下了眼泪。

最后发生的事最令人触动。在最后一组实验中,家长们通过摄像机镜头看到一个女孩默默地走到一边开始哭泣。节目制作人立刻停止了实验,去询问原因。结果是,在现实生活中,这个女孩在学校一直被一些男孩女孩欺负,他们嘲笑她家里穷。她每天都很害怕去上学,但是她没法告诉妈妈,因为这样会让妈妈为收入低感到更加难受。最后，当妈妈们回到房间开始讨论她们看到的一切，那个场景非常震撼。罗莎琳德帮助这个女孩（在此后单独的咨询中）学会了如何对付欺负她的人。根据节目制作人的反馈，她成功地挑战了学校里带头欺负她的一个男孩和一个女孩。这个事件清楚地提醒我们，冷酷很容易产生，需要被干预——首先是旁观者的干预，也需要成年人介入——发出明确的信号并且始终关注事态发展。

被欺负时该怎么说？

我们每个人可能都曾经欺负过别人，或曾经是受害者，或曾经是旁观者（可能站出来过，也可能无所作为）。理解这一点非常重要。在与人相处的过程中，我们要学会确认我们的需求，表达我们的观点，并且维护自己的利益，这是一个自然又非常重要的部分。

你的女儿需要知道当自己被人推搡时该怎么说，这很重要。"我不喜欢你这样做。你得停下。"在荷兰，在一个男孩因为被欺负而丧生后，一个全球性的项目"岩石与水"（Rock and Water）发展了起来，要求改变学校状况的呼声越来越强烈。这个项目会教给孩子们一些技巧，比如如何挺胸站立，如何瞪着欺负自己的人，然后走开。这是一个关于自信和人身安全的完整的项目，其中传递的核心信息是：坚强地站起来。

教你的女儿，让她说出来："这是欺负人，这是不对的。"当然，不是说单凭这个就能阻止什么，但这是第一步——对正在发生的事做出界定："你是在欺负她/这是不对的/这不公平/这太丢人了。"如果不能阻止事态发展，那么就要去寻求帮助。清楚地告诉你的女儿，她有保证自己的安全和受到尊重的权利，并且确保她真的能享有这些权利。如果需要，你得跟进学校的处理情况，如果学校不能采取必要的措施，那么建议你给女儿转学。（你孩子的学校应该有专门针对欺凌的措施，会清楚地界定欺凌是怎么回事，这样每个人都能知道应该怎么办，以及如何寻求帮助。）

上千年来，世界历史上屡有女性和女孩被欺负的事情发生。身为女孩，为自己的权利挺身而出，也是改变历史的一部分。反对欺凌也因此有了更好的理由。

网络欺凌

随着社交媒体的发展——脸书（Facebook）、短信、电子邮件和推特（Twitter）——欺凌有了全新的形式。发送恐吓短信，在网络上传播谣言和冷酷的评论已经非常普遍。

最糟糕的是那些自己有手机或者是卧室里有电脑的女孩。她们会在回家后，或者睡前，躺在床上查看手机或浏览网页。在没有电脑和苹果手机的"美好的旧时代"，"家"至少还是我们在一天结束前最后的平静天堂。但是现在，孩子们在睡前时光会遭遇很多压力，甚至导致失眠。

一个不错的方法是不允许数码设备在卧室出现，规定家里所有人每晚都将电话留在厨房。而且，危险的或者内容很糟糕的信息不应该成为秘密。对小问题置之不理也许能让它自动停止，但是如果情况没有改善或者非常糟糕，就需要告诉校方，或者与始作俑者面对面。当然，你也要避免让自己成为网络欺凌的目标——你可以修改个人设置，不要跟不友好的人做朋友，换掉电话号码，注册新的电子邮箱。

有一部非常棒的描写女孩的成长的电影叫《后人》(*The Descendants*)，由乔治·克鲁尼主演，电影中有一个"不称职的父亲"在妻子发生意外事故后不得不承担起照顾女儿的责任。电影刚开始的时候，他的小女儿给学校另一个女孩发了内容刻薄的短信。那个女孩的母亲，一个热情好辩的夏威夷女人，要求这对父女道歉。网络欺凌的挑起者往往对后果并不了解——这种做法对她来说就是个玩笑，用来跟朋友们分享。女孩最终意识到了她造成的伤害，并且有些惭愧。最重要的是她的爸爸也感到难堪，并且积极地进行弥补。

这种尖酸刻薄是怎么产生的？

澳大利亚作家麦琪·汉密尔顿专门从事关于女孩生活的作品，她对于当今女孩文化中的尖酸刻薄的来源有很好的解释。麦琪认为，今天这个竞争异常激烈和非常没有安全感的世界给女孩带来了巨大的压力，使她们不得不开启"存活模式"，时常表现出焦虑，并且对环境十分警惕。[32]她们在家里得不到足够的爱，又成长得太快，时刻处于危险的边缘。因此，她们没有时间或机会去表达同情以及善意。

研究欺凌问题的专家凯特·哈德温和她在澳大利亚西部城市珀斯的埃迪斯科文大学的研究小组调查了全国数千个学生，结果发现有1/5关于欺凌问题的普通申诉并未得到积极的回应，甚至没有获得同情。[33]换句话说，常规的学校工作没有发挥作用。这些孩子应该得到长期的干预，否则他们就会有做错事的风险，最终产生各种各样的问题。这个有些冷酷的事实传递的信息是：成年人必须有干预的意愿，除非采取长期措施，否则孩子们是不会自动脱离危险的。

虽然"坏女孩"文化已经得到了很多关注，但还是需要认识到，大多数学校环境并非如此。当《蜂后和她的崇拜者》畅销的时候，几百个女孩给罗莎琳德·怀斯曼写信说，她描写的世界就是她们的生活。但之后，有趣的事情发生了，有更多的女孩和成年女性写信说，她们在少女时期从未发生过这样的事。我们要清楚地认识到，罗莎琳德描写的只是某一部分的美国、某一部分的英国和澳大利亚，以及所有发达工业国家的某一部分，它并不代表全部。至少，到目前为止是这样。

生活在比较友好的环境中的女孩也有小团体，也存在某种程度上的竞

争，比如更受欢迎的"酷"女孩，更爱学习的女孩，以及比较"不守规矩"的孩子，等等，但她们基本上不会刻薄地对待别人。而且，这些小团体间的界限也比较灵活，你可以在其间游移，更重要的是，你可以做你自己。这让人感觉更友善、更快乐、更放松。

爱欺负人的女孩往往处于社会生活的某个极端，比如生活富足，但喜欢竞争，她们的父母通常收入颇丰，却非常忙碌，对孩子缺乏关注。这些女孩有苹果手机和信用卡，有时还有自己的车，却得不到关爱。与此完全相反的是，另一类爱欺负人的女孩来自非常贫穷的家庭，生活艰难。她们的父母非常忙碌或者不管孩子，对她们不闻不问，攻击性行为是她们常见的应对姿态。但情况也并非总是如此，贫穷的孩子里也有非常善良的，富裕家庭的孩子里也有温和且关爱他人的。你永远都可以自由选择成为什么样的人。

本章小结

- 大约有 1/5 的孩子受过欺凌。这是个普遍现象，造成了许多痛苦。
- 制止欺凌需要这三个角色做出改变：受害者、施暴者和旁观者。
- 旁观者通常起着决定性的作用，你的女儿得学会作为旁观者时应该

第8章
坏女孩与同辈欺凌

怎么做，以防止别人被欺负。
- 网络欺凌的问题在于它往往可以远距离操作。处理这个问题需要缩短距离，比如让始作俑者明白他造成的伤害和引起的担忧。
- 成年人需要对欺凌问题有所了解并且在欺凌发生的时候有所作为，而不是把情况变得更糟。平静、友好及有决断的行为是最好的。
- 有些女孩之所以爱欺负人，是因为她们所处的社区缺乏爱。但也有很多女孩身处的社区虽艰苦但却相互支持。

第9章 Raising Girls
体形、体重和食物

文 / 莉迪亚·吉德·特纳和莎拉·马克马洪

你的女儿担心她的体重吗？你担心你的体重吗？你们并不孤单，因为体形问题正成为困扰全世界人的问题，人们从未像现在这样不安。在女孩和成年女性人群中，有15%的人曾在她们生命中的某个时刻经历进食障碍，这种状况正在大范围蔓延。

不久之前我听两位年轻的女士做了一次令人震惊的演讲，内容是关于健康、食物和体形的科学解释。莉迪亚·吉德·特纳和莎拉·马克马洪都曾在诊所治疗进食障碍，她们如今致力于改变迷恋节食的社会文化，尤其是当节食减肥变成一个产业后，这种情况愈演愈烈。莉迪亚和莎拉同意为这本书撰写这个特别的章节。

蜡烛两头烧

世界上大多数国家都面临着与体重有关的严重的公共卫生危机，这种危机正在朝两个方向发展。一方面，大约有1/4的学龄儿童超重或者肥胖；另一方面，澳大利亚国家进食障碍协作组织发布了一个令人担忧的消息，进食障碍的状况在过去5年中翻了两番。一些父母被迫让孩子节食，而另一些父母则只能眼睁睁地看着自己的孩子什么都不吃。最可怕的是，这两方面都没有什么好的解决办法。虽然总能听到关于减肥的豪言壮语，但孩子们还是越来越胖，虽然时常看到警惕进食障碍的警告，但有越来越多的女孩深陷其中。我们一定做错了什么事。

现在各国顶尖的健康专家都认为，问题出在我们的关注点放错了地方。我们不该关注体重，因为体重没有健康重要。专家们的研究表明，如果我们将关注点转移到健康上，享受美食，锻炼身体，我们的状态会好很多。[34]

节食为什么有害？

有个事实一定会令你非常惊讶，50年的研究得出的结论是节食几乎是无效的。[35] 节食的人中有大约95%会在2～5年内重新恢复体重。任何一种节食方法的效果都不好。你肯定已经听过很多次某种新的节食方法宣称只要你买了某本书或者某个产品，你就可以减肥。如果连我们这些成年人都会被迷惑，想象一下它们会向我们的孩子传递什么样的信息。

不管那些公司如何宣传自己的减肥方法，这些方法通常都没有经过严谨的研究，证明它们能取得长远的减肥效果。他们只是在一小群人身上试用过而已。你可能已经注意到很多公司已经不再使用"节食"这个词，而开始宣扬"生活方式"。但他们卖的还是减肥产品。价值上百万美元的节食产业在广告上投入巨资，你的女儿可能在各处都能看到这些广告。十多年来的市场宣传已经让大多数人相信了这样一个可怕的谬论——胖人之所以胖是因为他们缺乏坚持减肥的意志力。我们学会了躲避胖人，害怕成为他们当中的一员，或者，如果我们发胖了，就会竭尽所能减少体重，找回窈窕的身段。

令人难以置信的事实是，尽管有如此多的市场宣传，尽管政府做出了那么多努力，但世界上仍然没有一个国家成功地降低了肥胖率。

健康饮食和规律的锻炼可以促进健康，但不一定能大幅度减轻体重。关注如何保持健康才是更重要的事。

父母课堂

我们生而如此

节食不管用是有原因的。人类是从石器时代进化而来，当时生存环境恶劣，食物十分稀缺，因此我们的身体被赋予了保持健康体重的本能。如果我们节食，身体会认为我们遭遇了饥荒，因此触发保护机制，努力重新增加体重。《新英格兰医学期刊》的一项研究发现，在节食者的体内，负责刺激食欲的激素葛瑞林（也叫食欲刺激激素）会增加大约20%。[36] 而抑制食欲的激素，比如消脂素（瘦蛋白/瘦素）和肽类则通常呈较低的水平。节食的时候，我们的代谢速度也会放慢，这样才能保持体重。

那么，如果反复尝试，会有用吗？有趣的是，研究发现反复节食往往会让我们更胖。美国明尼苏达大学公共卫生学院的戴安·纽马克-史丹纳博士做过的一项突破性研究表明，青春期采取过体重控制措施的女孩在5年后的体重会明显高于同龄人。[37] 另一项追踪了15 000名9~14岁的参与者[38]的研究发现，有节食经历的青少年比那些没有节食的人的体重更重。而最糟糕的是，节食是进食障碍最明显的先兆，目前澳大利亚的肥胖人群中1/5有进食障碍症状，这些人的体重也更重。

为什么"为肥胖羞耻"反而让情况更糟？

为肥胖感到羞耻是一种常用的鼓励我们变得更健康的方法。但没什么比这个方法更糟的了。《最失败的人》这样的电视节目会羞辱那些参与节目的胖人，从而强化了这样的刻板印象——胖人之所以胖，是因为生活方式不健康。然而研究发现，对自己的体重感到羞耻的心理会增加患肥胖症和进食障碍的风险，同时减少了人们参与规律的运动的可能性。因为锻炼通常都是在公共场所进行，所以可以理解为何那些对自己的外貌感到非常羞耻的人，尤其是年轻女孩，不愿意穿上运动服或者游泳衣，去参加那些会让别人注意到自己的身体的活动。

打着健康的幌子嘲笑别人已经成为一种全民休闲活动。这种不正常的狂热正在伤害我们和我们的女儿。一项研究发现，肥胖的孩子遭受欺凌的可能性要比普通孩子高63%。[39] 虽然我们能够理解父母想帮助孩子摆脱欺凌行为的愿望，但让孩子节食并不能解决问题，反而会让这些孩子觉得这是他们自己的错。

学校和其他健康项目应对肥胖问题的错误方法将造成更大的伤害。悉尼大学的詹妮弗·奥戴教授发现，针对儿童的关于预防肥胖的"健康教育"可能会造成意想不到的损害健康的效果，比如绝食，呕吐，滥用泻药、利尿剂以及减肥药，甚至还有孩子为了抑制食欲而吸烟。[40] 澳大利亚一家为进食障碍患者提供服务的机构称，有8%的青春期女孩为了控制体重而吸烟。[41]

另一个极端

当听到"进食障碍"这个词，我们往往会想到那些骨瘦如柴的人。但事实上，多数进食障碍患者并不瘦弱，同样，那些患神经性贪食症的人也往往体重正常，或者只是略高于正常。我们对体重的过分关注反而加重了神经性厌食症——不吃东西，导致体重大幅下降等情况。事实上，很多女孩赞赏甚至崇拜她们那些患厌食症的朋友，觉得她们意志坚定，有自制力。研究表明，神经性厌食症是一种被饥饿状态激化而导致的大脑错乱。[42] 患者需要寻求深入的医学干预才能克服这种混乱的思考方式和行为方式，否则将面临非常严重的健康风险，甚至会导致死亡。

神经性贪食症则更为普遍。在短时间内突然吃下大量食物是对节食的自然反应，因为身体要努力保持一定的脂肪储备。身体会提高刺激食欲的激素水平，我们会十分渴望食物，对吃既迷恋又烦乱。贪食是身体帮助我们生存下去的一种方式。出于某些我们还不太了解的原因，厌食症患者的身体并不会设法帮助他们生存下去，许多厌食症患者说饿着反而能让他们感觉更好一些，这就是这种病症非常危险的原因。

那么应该怎么做？

我们的身体始终在与我们沟通交流。饿的时候，我们就会吃东西；感觉饱了，就不吃。便秘则是另一种信号，告诉我们饮食中缺乏足够的纤维。我们的身体有一个生理系统，它在内部管理着许多关系到我们的生存的因素，包括血压和体温，以及将体重维持在某个范围。

节食是一个危险的陷阱。许多人因此陷入一种危险的循环：在短期内减少体重，然后感觉到对食物的强烈渴望，又导致体重增加，然后他们再次节食。无数研究表明，与维持一个较高但是稳定的体重相比，这种体重的反复增减对健康的伤害更大。[43]

许多健康方面的教授已经摒弃了将体重作为衡量健康的一个标准的做法，转而改用一种以健康本身为中心的方法，叫作不同体重的健康（Health At Every Size，简称 HAES）。HAES 理论认为，相对身材而言（除了某些极端的统计数字），适度的健康其实是对于健康的一种更为准确的评估方法。

用体重指数（Body Mass Index）来衡量健康很不科学。我们可以使用其他一些生理指标，比如血压和心率，来评估健康。其中两个关键原则是根据感觉进食，以及找到一种能带来享受的活动身体的方式，而不是仅仅关注减轻体重。每天临睡前，我们都应该因为参与了有益健康的活动而感觉良好，而不是因为体重没有达到某个固定的数字而打击自己。

你应该如何帮助你的女儿？

1. 成为她需要的榜样。如果你非常看重体重，那么她肯定也会。不要谈论节食，不要看那些电视节目，家里也别买时尚杂志或者减肥杂志。
2. 冰箱里不要放软饮料。一杯白开水就足够了。
3. 全家一起吃饭，不要开电视。如果一边看电视一边吃，你就不会关注食物，也无法真正品尝其中的滋味。而且你也不会注意到自己已经吃饱了。我们往往是在已经吃了足够的食物好几分钟后才感觉到饱，所以在餐桌旁慢慢吃饭能让孩子注意到"我已经吃饱了"。吃饭的时候只谈论积极的事，让吃饭成为一段放松的时间。不要把吃饭时间搞成董事会，而要发现每个人生活中愉快的事。
4. 不要把食物分成"好食物与坏食物"，把它们叫作"日常食物"——我们每天都要吃的健康食物和"零食"——我们偶尔会吃一点儿，作为对自己的款待。吃"垃圾食物"，然后又产生罪恶感，只能让情况变得更糟。人们往往会在心情不好的时候暴饮贪食。研究表明，如果人们细嚼慢咽地享受那些偶尔才吃的食物，那么实际上并不会吃得太多。[44] 如果人们感到羞耻，就会大口咽下。
5. 全家一起活动。如果爸爸和女儿一起去遛狗，或者在户外踢球，或者全家一起去散散步，或者去公园，孩子就会自然形成一种对活动身体的喜爱。

这里提供的所有建议对男孩同样适用。

> **父母课堂**

一个失控的行业

一个可能会让你非常震惊的事实是:95%的针对肥胖的研究都是由减肥行业资助的。[45] 难怪我们对于健康和体重的理解如此混乱,因为与减肥有关的行业本身就非常不规范。

食品行业也同样需要更严格的规范。为什么儿童餐要和玩具一起卖?为什么可以直接向儿童推销高糖分的早餐麦片?如果我们希望国民更加健康,就必须对环境做出改变。正如我们眼看着烟草工业逐渐失去垄断地位,香烟逐渐在酒吧被禁止,烟草广告被禁止,香烟风光不再。

澳大利亚最近成立了"身体形象国家顾问委员会",该组织发起了自律法案,让美容和时尚行业采取更健康的方式。不幸的是,这个法案并没有取得成功。顾问委员会主席米亚·弗里德曼在她的博客中称"什么都没有改变"。《多利》杂志获得了政府颁发的2012年身体形象奖(这个奖项是顾问委员会的核心倡议),但这个杂志却重启了针对13岁女孩的模特大赛。这无疑传递出一个信息:女孩如果不性感,就是不合时宜。这真是一大败笔。其他国家已经开始从立法角度做出改变。比如,西班牙开始考虑禁止"以身体为核心"的广告,这些广告一般在晚上10点之后播出,以宣传整形手术和减肥产品为主。2008年,法国认定任何人,包括杂志和广告商,宣传"极度消瘦"的行为都是非法的。2012年,以色列政府通过立法禁止在杂志中和T形台上使用过瘦的模特。

虽然还是有人一直在指责父母应该为他们孩子糟糕的身体形象负责任，但 45 名国际健康专家签署了一封公开信，题目是"科学证据总结：媒体形象对身体形象和行为的影响"。这封信称，有大量证据表明，关于人们对自己的身体不满意以及进食障碍等问题，媒体难辞其咎。[46] 另有研究在分析了 77 项针对 15 000 名参与者的调查发现，与 19 世纪相比，今天的媒体对于年轻人的影响更为明显。[47] 换句话说，在关于身体形象的各种建议中，从根本上讲，媒体具有更大的影响力。然而，父母仍然负有一定责任，应该采取一些针对进食障碍的保护性措施，包括帮助孩子找到他们感兴趣的运动，自己为健康行为做榜样，提供规律的家庭饮食，每天都要吃早餐，培养健康的对待身体的态度和自信。给孩子们创造一个更加健康的世界。政府应该对相关行业采取积极的干预措施。

父母课堂

进食障碍是怎么回事？

进食障碍是一种与饮食相关的不健康的行为模式，若继续发展，就会对健康造成伤害。大部分人都听说过神经性厌食症——一种导致人无法吃下足够食物，从而使体重大幅度下降，甚至危及生命的紊乱状况。进食障碍很少会导致死亡，但也非常危险，若发展成厌食症，就需要立刻获得医学帮助。贪食症——吃完之后会呕吐，以此控制或减轻体重——是更为普遍的状况。在现实情况中，进食障碍是个比较模糊的概念，有很多人体重正常，或者略超过标准体重，但却存在进食障碍的状况。无论是哪种情况，都存在危险，需要尽早寻求专业的帮助和建议，越早得到重视，越能尽快恢复。

早期要警惕的症状

一旦注意到女儿出现以下这些变化，父母就需要考虑到进食障碍的可能：

- 体重出现大的波动（可能增加，也可能减少）。
- 情绪变化，包括更加焦虑、易怒、抑郁或者沉默寡言。
- 更加关注体形或者体重，比如频繁称体重。
- 饮食行为的改变，比如不吃某一类食物或者不吃某顿饭，有非常严格的饮食规范或流程，或者饮食行为倒退——像孩子一样吃饭，比如要用某个特别的杯子，或者用儿童餐具。
- 吃饭时显得很痛苦。

重要的一点是，我们要留意的是一系列的明显变化。以上任何一种行为若只是单独出现，有可能是其他原因导致的，比如生病。对进食障碍的评估和诊断首先要排除可能导致这些症状的身体原因。只有同时发现几种变化时，才应考虑进食障碍的可能。

思维紊乱

伴随饮食行为和情绪的变化，开始出现进食障碍的人对体形和食物的态度也与以往不同：

- 渴望维持不健康的低体重。
- 对长胖或者体重增加非常恐惧。
- 对外表有一种扭曲的预期。
- 对食物有展望性的（对下一顿饭或者吃什么表示担心）和回顾性的（对已经吃了的食物表现出强烈的罪恶感或者羞耻感）关注。
- 对食物以及减轻体重或者体重管理有错误的认识。比如认为晚上 6 点以后吃晚餐会更容易增加体重，或者饭前喝 4 杯水能加速新陈代谢。

实际行为

最后，关于进食障碍的最明显的迹象是实际表现出来的饮食行为。你可能会注意到这样的行为：

- 有意控制饮食，比如不吃早餐，完全不吃某一类食物，或者宣称对谷物、乳糖或者某类食物过敏。

- 贪食，就是在很短时间内吃掉大量食物，吃东西的时候完全失控。
- 情不自禁地吃东西——吃的时候无法控制——或者早就吃饱了，但还是要吃。这种情况往往发生在吃正餐的时候，或者和大家一起吃饭的时候，并且在旁观者看来可能并没有什么异样。而贪食往往是一个人吃东西，而且吃大量的食物。
- 通过呕吐、滥用泻药或者过量运动等行为来"清除"食物。

我们必须通过诊断才能确定具体是哪一种进食障碍行为，并且进食障碍的表现可能会发生改变，因此诊断结论也会改变。对一种进食障碍行为的治疗有可能会造成另一种完全相反的行为表现，治疗师会帮助患者处理和应对这样的情况。

怎么办？

如果你担心你的女儿可能有早期的进食障碍症状，立刻采取行动是非常关键的。早期干预是完全恢复最重要的因素，你绝不能等到女儿已经病得很严重才去寻求帮助。咨询你的家庭医生或者联系一家与进食障碍有关的福利机构来安排评估，寻找你所在的地方最好的治疗方式。对进食障碍的治疗是非常专业的，你最好选择有科学依据的治疗方式——你的医生或者进食障碍的相关组织应该能够就你女儿的情况给你一些建议。最有可能成功的治疗方法是"联合疗法"——找到一种能在治疗师、你的女儿以及你或者你的家人间建立起良好关系的方法。对于那些初次治疗没有效果的患者，最

> 重要的是坚持进一步治疗。想要治愈，需要合适的治疗师、合适的方法以及合适的时间。
>
> 要尽可能多地阅读进食障碍的相关资料，这样能让你帮助你女儿恢复健康。
>
> 为一个进食障碍的人感到担心、内疚或者生气都很正常。但这些感受有时会阻碍你向对方提供帮助。比如，有的父母责备进食障碍患者影响了他们的婚姻或者家庭关系。这种憎恨的情绪会让父母很难在女儿恢复的过程中提供她需要的帮助——帮她治疗，或者就是表示支持和善意，聆听她的心声。

关于进食障碍的5个误解

误解1：进食障碍是一种主动的选择。

事实：进食障碍并不是主动的选择，而是一种严重的心理疾病，是经过一定时间逐渐发展出来的，有着复杂的心理原因。

误解2：瘦人才会患进食障碍。

事实：多数患进食障碍的人都处在健康体重范围之内或者有些超重。

误解3：只有女性才会患进食障碍。

事实：男性患进食障碍的比例正在增长，尤其是14岁以下的人群（在这个年龄组中被诊断为进食障碍的人有1/4是男性）。同时，正因为人们认为男性不会患进食障碍，所以他们常常得不到及时的诊断和治疗。

误解4：神经性厌食症是唯一一种严重的进食障碍。

事实：任何一种严格控制进食、控制体重的方法，比如呕吐、滥用泻药，都容易使人出现严重的综合征。而且，任意一种进食障碍都会令患者变得抑郁和孤僻，增加他们自残甚至自杀的风险。

误解5：患进食障碍的人都经历过性侵犯。

事实：性侵犯会增加出现各种精神问题的可能性，包括进食障碍。然而，并非所有进食障碍患者都曾遭遇性侵犯。

最后，如果你的女儿真的患了进食障碍，你必须记住：你不该为此被责备，你是能帮助她恢复的最佳人选。这就好像止疼药能帮助治疗头疼，但是头疼并非是因为缺乏止疼药。

如果你的女儿真的患了进食障碍，最要紧的是立即采取行动。要尽早开始治疗，因为早期干预是可以避免疾病的。如果治疗足够迅速，就能够改善症状，尽早恢复。确保你学习了足够的关于进食障碍的知识，这样你就能在恢复过程中提供帮助。要对你的女儿心怀希望，因为每个人都可以彻底地恢复。

本章小结

- 厌食和贪食均已成为世界各地女孩们面临的问题。
- 节食通常对减肥并无作用，反而会让情况变得更糟糕。
- "因胖而羞愧"是我们文化中一种冷酷且毫无益处的潮流，一些学校、政府项目和电视节目却在鼓励这种潮流。
- 带着觉悟进食，吃饭时关注健康而非体重，这才是最好的方法。
- 神经性厌食症、贪食症（这种情况更普遍）这类进食障碍症状是精神疾病，而非人们有意识的选择。它们会导致思维混乱和极端的进食行为。你能为此做的最好的事是留意早期症状，及时寻求帮助。

第10章 Raising Girls
酒精和毒品

保罗·迪伦住在市中心，他能告诉你市面上买安非他命的价格，还有现在国内能搞到什么品质的冰毒。如果有人吸毒或者饮酒过量导致休克，他知道该如何处理。保罗是澳大利亚最有名的禁毒教育专家，多年来一直与学校和社会组织合作，帮助孩子们对毒品建立清晰的认知，确保他们及朋友们不会在青春年华就死于非命。[48]

从2002年至今，年轻人吸毒和酗酒的比例的确下降了，其中肯定有保罗的功劳。他有很多令人惊讶的见解和方法。在这个人们被各种合法或非法药品扰乱心神的世界上，保罗可以帮助父母们引导自己的孩子，知道什么时候可以放松，什么时候应该警觉。在学校讲课的时候，保罗会放一些很有趣的幻灯片。多数人都熟悉这样的图表：喝酒的孩子人数众多，抽烟的人数稍微少一点儿，然后更少的是吸食大麻的，最后是吸食海洛因的孩子。但是保罗却从反面做了统计。以澳大利亚为例（其实大多数西方国家的情况都差不多），我们会看到如下的图景：

- 虽然许多17岁的孩子都喝过酒，但大多数都不会经常过量饮酒，还有一些几乎不沾酒。超过25%的这个年龄段的孩子说他们不爱喝酒。大概有10%的人从未喝过酒。

- 超过70%的17岁的高中生从未吸食过大麻，以后也不会吸。
- 97%的高中生从未使用过迷幻剂。
- 96%的人从未使用过安非他命，即便在4%的使用过这种毒品的人中，多数人也仅仅是在过去的一年中尝试过一两次。
- 海洛因和吗啡的情况同上一条。
- 摇头丸的情况没那么好，有92%的人从未尝试过。而在尝试过的人中，多数只是偶尔使用。

保罗凝视着聚集在学校礼堂或者多功能教室看他演示的学生，当他播放到上面几张图时，能看到数十个年轻人坐得更直了。这些就是不喝酒、不吸食毒品的学生，他们忽然意识到原来自己不是异类。知道这一点，对他们、对你都非常重要。突然，所有关于孩子们都堕落了的惊慌，以及"我也必须这样才显得酷"的压力都开始消散了。

事实是，大多数孩子都很愿意远离吸毒和饮酒（除了摇头丸的使用率略微上升），吸毒和饮酒的发生率在整个21世纪都在缓慢而平稳地下降。今天的年轻人已经不再喜欢这些了。

这可是好消息。保罗费尽苦心想要强调的是：吸毒只是发生在很少人身上的一个小问题（当然，对少数的吸毒的人来说这就是大问题）。但他对饮酒的危害却非常重视，他说，酒是一个完全不同的问题。

酒类是合法生产和销售的，并且厂家做了非常多的（往往也是精心策划的）推广工作，来吸引年轻女性。酒会损伤大脑，同时大大提高了安全事故的发生率以及出现暴力行为的风险。我听说保罗指出，酒类行业可能有意激发人们对毒品产生的恐慌，这样当父母们看到女儿只是喝点酒时，就会放松很多。稍后我们还会谈到造酒行业。

多年来，民间流传着少喝点酒无所谓的说法，还有所谓"地中海式"，就是在吃饭的时候让孩子抿一小口红酒，认为这样可以让他们在以后喝酒时更理智，不会酗酒。去年一家有名的女子学校出的一本书里还在倡导这个方法。

这个理论听起来不错，但最近却被证明是完全错误的。在孩童时期，或者在十几岁时少量饮酒，会以非常惊人的方式改变大脑，使大脑更容易受到酒精的伤害。绝对不能允许孩子接近酒。

事实上，哪怕"只是喝一点点酒都会对大脑有影响"这个结论有力地支持了美国的做法——把21岁作为禁酒的年龄界限，这个界限对他们很合适。在美国，孩子们会从19岁左右开始用假证明获得买酒的资格，而在澳大利亚，这个年龄大概是16岁。所以提高禁酒年龄可以有3～4年的时间让大脑得到更好的保护。

虽然保罗的统计数据很有道理，但饮酒行为，即便只出现在一个很小的人群中，仍然十分值得关注。每17个年轻人中就会有1个人在饮酒方面达到危险水平。对女性来说（她们的体形更小，身体有独特的对化学物质的处理机制），危险水平是指一次性喝掉超过4个标准杯的量。而对女孩而言，由于她们的肝脏还没有发育完全（这得等到21岁），喝酒的量应该比这个少得多。6%的学龄女孩每周至少会有一次达到对成年女性来说很危险的饮酒量。

最新的担忧是酒精会提高患乳腺癌的风险，大约1/3的乳腺癌与饮酒有关。目前，这个事实还不为多数父母和女孩所了解。（虽然乳腺癌有遗传因素，但多数情况还是由于环境中的毒素导致。让血液里充斥着酒精，对软组织没什么好处。）

这种状况，与我们此前描述的关于心理健康的结论相似。大部分女孩没事，但对有问题的人来说，情况就很严重。

目前我们一直关注的是在校学生的状况。学校最大的好处是能提供一个巨大的心理健康的保护机制。对大多数孩子来说，学校还是一个友好的地方，有规范的日程和严谨的结构，有关心你的成年人，有能提供各种各样想法和态度的朋友。

在孩子们离开学校后，各种行为和心理问题——自杀、自残、酗酒和吸毒、抑郁和焦虑等的指标都上升了。外面的世界广阔且孤独。

女孩的父母应该了解什么，教孩子什么？

女孩为什么吸毒？这与任何你能想到的事情都不相关。它与收入无关——富裕的女孩和贫穷的女孩面临相同的风险。它与受教育水平无关。它与智力或者能力无关。唯一明确的可预测的因素是：父母的监督和指导。如果父母知道孩子在哪里，在做什么，经常出现在孩子的生活中，那么这样的孩子一般不会饮酒和吸毒。如果事情偶尔失控，这样的父母会关心，会参与其中，想办法让类似的事情不再发生。

这里说的参与不是指看管和监督，而是关切的对话，了解孩子在哪里、与人相处设定的规矩和底线，以及通过友好但清晰的谈判，让孩子证明自己会关注自己，有能力保证自身的安全。

在写这本书的过程中我和很多研究青少年问题的专家交谈过，他们所有人都对这类父母持批判的态度（这还算是礼貌的说法了）。这类父母是指那些想和他们的孩子做朋友的父母——塞给女儿 50 英镑让她去买酒的妈妈，让她跟朋友们出城去参加聚会的爸爸。（聚会原本的意思是关系很好的朋友在家里招待大家，一起享受美食和好酒，一起谈天和跳舞。但如今，聚会的意思就是破坏。往往是在不知名的夜店或者酒吧里，噪声大得都听不见自己说话。如果孩子们话说得多，酒就喝得少了。酒吧的主人希望他们亢奋、躁动、狂乱，这样就能卖更多酒。）

大约有 35% 的酒被学龄期的孩子喝了（他们是非法饮酒者），这些酒就是他们的父母提供的。[49] 幸好，那不是毒品！

摇头丸是这类聚会（比如在夜店里）的不二之选。摇头丸可以让你感觉精力充沛，感情澎湃。它让你的身体释放出一周所需的内啡肽（这就是为什么之后的一个星期你都会感觉糟透了）。问题在于这些东西通常是在摩托车车库里，由某个被叫作"鼻涕虫"的人制造的。他们并不知道，也根本不关心药里到底有什么。没人知道他们使用了什么原料。你需要安静和平静地把这些事解释给你的孩子听。

有可能是我们让孩子们对药品过于信任了。我们常常给孩子们吃药片，但其实他们可能并不需要。如果孩子头疼，我们马上去拿必理通（Panadol）。保罗指出，90%的青春期头痛都是由缺水导致，给他一大杯水就很有用。

鼓励喝酒的人[50]

几年前，造酒行业因为人们饮酒量保持稳定甚至有所下降而感到忧虑。他们的最佳顾客都早早就死了。这些公司需要一个新的市场，因为对这个行业来说，增长意味着一切。他们的市场调研人员曾与年轻的女孩交谈。（在美国，他们只要付给学校500美元，就可以针对在校学生做各种调研，来了解如何更好地伤害他们。）他们发现女孩不喜欢烈性酒的味道。这个发现可以弥补巨大的市场缺口，因此这个行业发明了含酒精的软饮料——冒着泡泡，口感甜蜜，喝起来像果汁一样，其实却含有朗姆酒、白兰地、伏特加酒或者杜松子酒。然后，女孩们开始成箱地喝这种东西。

在澳大利亚，政府在健康组织的压

力下，试图对这类饮料加税，但是遭到这个行业的强烈抗议，然后政府妥协了（那些说客可不像我们一样，只是在选举时去投票，他们还会对政府施加各种形式的压力）。酒精软饮的消费有所下降，但是还不够。女孩子也习惯了喝烈性酒。如今，为了少喝夜店里昂贵的酒，你会看到搭火车进城的女孩狂买超市里的烈性酒，提前喝个半醉。

不管你居住在什么地方，你都可以测试一下你周围政客的良心。要求他们对酒精课以重税，尤其是那些年轻人喜欢的，或者专门讨好年轻人的产品。喝酒的年轻人对价格非常敏感，提升 20% 的价格就可以让他们不再购买。要求他们禁止所有针对年轻人的酒类广告——这个行业应该靠提供有价值的产品，老老实实地生存，而不是靠把我们都送进医院或者制造交通事故来大笔捞钱。要求将买酒的合法年龄提高到 21 岁，这样对还在发育的大脑的损伤是最小的，也可以让年轻人多积累几年生活经验，变得成熟，来应对喝酒的各种影响。

豪饮

尽管大环境不错，比例不大但数量可观的女孩和年轻女性还是喝了不少酒。这些女孩每周有一个或者好几个晚上会喝太多酒，以至于她们的身体已经发生了永久的改变。青少年的肾脏还没有发育完全，他们无法以足够快的速度吸收和处理来自血液的酒精。这会对他们的大脑造成严重的伤害，他们成年之后酗酒的可能性会比那些青少年时期从未接触酒精的人多 60%。

女孩和年轻女性的豪饮问题在全世界都有，甚至已经出现在那些以前并没有饮酒问题的国家，比如法国和意大利。男孩们的"好运"来了：酗酒的女孩更容易发生性行为。她们已经完全不在乎会发生什么事了。

导致女孩饮酒量增加的原因是复杂的。以娱乐为目的的聚会和社交活动往往离不开酒。还有大量的市场宣传活动，让喝酒成为一种看起来很成熟、很酷的行为，要确认身份和融入集体的压力也是巨大的。但是似乎还有些别的原因，比如一种想要堕落的绝望，或者将喝酒看成是某种程度上的临时自杀，以一种自我摧毁的方式将现实隔离在外。所有我们在这本书中列举过的压力累积起来，就会导致某些女孩的饮酒过量，有些女孩会变得刻薄，有些出现进食障碍的症状，还有些会滥交。有的时候，所有这些情况都会出现。这样的女孩需要帮助。

该怎么办？

如果你是家长，如果你爱你的女儿，那么在她还小的时候就应该照这本书里的方法去做。如果她已经开始有酗酒的问题，那么你要寻求帮助。酗酒对一些人来说是精神问题，需要加以治疗。

不要给小孩子喝酒。对你自己来说，偶尔喝一杯，或者在某些特殊的场合有节制地喝点酒是可以的，但是这样就足够了。尤其不要在压力大的时候喝酒，否则她会看到你"需要"酒精，或者更糟糕的是，她会受到你的影响。这可是最糟糕的榜样。

如果她还不到年龄，不要让她在夜店游荡，直到她足够成熟，可以照顾好自己。对于几点回家，你们要有清楚的协议，并且做一个"营救预案"，这样你可以在需要的时候，在任何时间、任何地点把她带回家。

这一切的目的是让你的女儿可以出去玩，不受伤害地

尽享欢乐。你跟她是在同一条战线上，只是你比她更有远见。在 18 岁之前，你必须对她的人生负责。但即使她长大了，只要仍然和你生活在一起，你就有机会用友好和关爱的方式在必要的时候进行干预，确保她的安全。这也是一个关心她的室友会做的事。对于任何一个成员会互相关心的家庭来说，在约定的时间回家，不能喝醉，这是合理的要求。

艾斯的法则

在我的教师研讨会上帮忙的艾斯刚满 25 岁，是个热情、充满理想的女孩。我问她，她的朋友们如何处理聚会的问题。"很简单啊，"她说，"我们有'理性之音'。"她和她的朋友们意识到，她们需要一个人，就像一个指定的司机，能够把握方向，决定什么时候该回家，那条街道是否安全，以及参加者和聚会地点，以确保安全。每晚她们都会五六个人一起出去，她们投票决定谁来做"理性之音"。那个人只能喝一杯酒。事实上，她说："我们也都只喝一杯，而且没有任何不情愿。"

我猜她很可能常常承担这个角色，所以问她这是不是个麻烦的任务。"哦，不，"她安慰我说，"这是一种荣誉。有些女孩永远不会被选上。我们也会轮流，但我们中间的三四个人会很认真地做这件事，因为我们爱彼此，能让大家都安全回家，我们感到很骄傲。"

第11章 Raising Girls
女孩的网络安全

（在全国各地有父母和教师参与的会议上，我常常跟杰出的女权主义者、女孩权利的倡导者玛琳达·唐卡德·瑞斯特交谈。如果迟到了，我知道怎样找到开会的场地，因为上千人齐声感慨或者说"噢，不"的声音是很难被忽略的。玛琳达关于年轻人在网络世界的遭遇的幻灯片演示总能让听众震惊不已，而她给大家看的其实只是她严格挑选过的一小部分内容。身为父母，我们必须了解这些。这是上千万美元的产业，比运动产业更大，比好莱坞的影视产业更大，而年轻人是它的主要目标。如果父母不提供帮助，即使是脸书这样有用的网络工具也可能以非常错误的方式被利用。玛琳达撰写了这个章节，将网络问题描述得无比清晰。）

我是一个作家、演讲者和评论家。我有4个孩子。和所有我认识的人一样，网络是我生活的一大部分。

现在，我在尝试为这本书写一个章节。而我其实是这样做的：我查看我的两个脸书的账号。我在那上面发过一些文章，同时感谢那些给我发信息支持我的人。我分享了一些请愿书，请求人们投票。我在推特（Twitter）上发送一些文章和博客的链接，回答别人的帖子，也转发一些帖子。我尝试回复一些邮件，但又放弃了，我看了几条油管（YouTube）上的视频剪辑——其中包括我儿子表演的"愚蠢朋克"①的歌《数码爱情》。我做梦般地盯着网上我将要去度假的那个海滩的照片。我通过脸书跟我的孩子们联系（主要是吉他手儿子和户外探险家女儿，他们住在别的州。两个小一点的孩子跟我住在一起，但我也得给16岁的女儿发消息，这样才能得到她的注意）。

在这些疯狂的虚拟活动中消磨了好几个小时后，我现在必须把它们都关掉，开始完成我的家庭作业。

新形式的社交媒体为我的工作带来了新的机会，但是同时也带来了新的麻烦，比如，注意力被分散，需要处理上千条信息的困难，以及可能会让我感到抑郁或者担心的许多事情。但我是个成年人。作为我研究工作的一部分，我知道我得寻找一些美好的事情来平衡我在盲目的网络世界消耗的时间。我知道何时该走开。

与从未谋面的朋友的联络取代了真实的人际交往

但是我们十几岁、二十出头的女孩们会怎样呢？她们的生活依赖于社交媒体，因为担心错过什么，所以从来不肯离线。她们总是在发短信，更新她们的脸书和网络空间，用苹果手机往照片墙（Instagram）发照片，然后为数秒钟之内就能得到回复而激动和雀跃。一些女孩睡觉时也把手机放在床边，整个晚上，嘀嘀声提示着她们又有新的消息或者新的帖子了。

正如一位年轻女性为《时代》周刊撰写的文章中承认的："我常常用MySpace（社交网站）上的笑脸、Match.com（交友网站）上的皱眉表情以及脸书上的表情替代现实中的人际交往。"

那些因为自己在脸书上朋友不够多而感到焦虑的女孩会怎么样呢？更糟糕的是，她们会因为别人"取消好友"而深受打击。这是一种全新的焦虑来

---

① 愚蠢朋克是法国的一支电子乐队，曾获得过格莱美奖。——译者注

源——对她们的帖子的负面回应，或者如果对网络的查看稍有延迟，就可能有人说什么糟糕的话。

被暴露的一切

社交媒体当然也有很多好处。它们促进了交流和沟通。它们可以让朋友变得更亲密。女孩可以在网络上发展自己的创造力——上传她们的艺术作品、时尚设计、诗歌和文学作品。她们之所以参与这些活动，是因为她们对这些事感兴趣。

但往往也是在这个新世界中，一切都被暴露了——什么都隐瞒不了，从对生活小事的更新，到悲伤和绝望的情感倾诉。这就像一个女孩创造了一个数字化的自己，每天都要进行自我推广，她的网络足迹随处可见。隐私往往被忽略了。

克里斯蒂·罗森在《新亚特兰蒂斯》（*The New Atlantis*）一书中将这种状况描述为"人们无休止地渴望被关注是这些巨大的虚拟画廊最突出的主题"。

告诉我，我很漂亮

我和我的同事们很担心那些对自己感觉不够好的女孩，她们往往需要得到他人的肯定。社交网络让她们能够向整个世界提问：我看起来怎么样？

2012年，有一名11岁的女孩就开始在油管上传视频短片，让全世界来回答："我长得好看还是丑陋？"如今在重新制作的"镜子，挂在墙上的镜子"的片子中，有上百段这种"丑陋／好看"的视频。

在这些被上百万人看过的令人难过的帖子中，有像肯戴尔这样的女孩。她说："很多人告诉我，我很难看。我觉得自己又丑又胖。"这个15岁的女孩吸引了 4 000 000 名观看者，收到了 107 000 个匿名回复。其中一条说："你这样的人居然活着，而非洲的孩子们却要死去。"另一条说："你需要一个拥抱……在你的脖子上……用一根绳子……"

　　脆弱的十几岁、二十几岁的孩子们让以冷酷、爱欺负人和群体性攻击著称的网络世界对自己做出审视和判断，最后的结果是无休止的辱骂和羞辱。女孩们耸耸肩，露出古怪的似笑非笑的表情，显得自己对此毫不在乎，但她们知道自己其实是在乎的。

　　在网络世界中，评论被放大了。一个女孩脆弱的自我，瞬间就能被迅速传播的谣言和八卦粉碎。这有可能成为自残行为和自杀念头的导火索，甚至真的导致自杀。

　　网络欺凌——在澳大利亚有 10% 的年轻人有过这样的遭遇（见第 8 章）——可能导致死亡。一位居住在墨尔本的母亲凯伦·瑞坚信网络欺凌应该对她 14 岁女儿的死负责。她告诉媒体："周五的晚上，她在上网。她告诉我她从网上看到了一些消息，这些消息让她觉得不想活了。"

被鼓励的裸露癖

　　2012 年兴起了一场叫作"裸露的自我"的疯狂活动，人们纷纷在网上晒出自己的裸照。但是那些网站同时也展示了上千张年轻女性的裸照，这些照片很明显不是她们自己拍的——她们甚至不知道这些照片被放到了网上。

　　曾经有年轻女孩写信给我，希望我可以将她们的故事分享出来。她们在聚会上被灌醉，遭受性侵犯，她们甚至还没有离开聚会，就看到自己的照片被上传到了脸书上。这些女孩被羞辱，感到很丢脸。付出代价的是她们，并不是那些拍照并把照片上传到网络的人。

网上有无数"荡妇"网页，男人们（往往是出于惩罚他们前女友或前妻的目的）在上面上传他们认为符合这个主题的照片。我看过的这类照片有眼睛被打得青紫的女人，也有穿着裙子在后院里显得非常放松和快乐的女孩。看起来，任何女性的照片都可能被冠以这个名目。

用强奸开玩笑的网页也很多，多得数不过来。这要归功于我们把男孩都培养成了能够接受冷酷和暴力的大男子主义者，对苦难无动于衷。

成长在一个色情化的世界里

这是第一代在一个色情信息如此公开的世界中长大的孩子。在澳大利亚，53%的13岁以下的女孩声称她们看过色情图片。在16岁的女孩中，这个比例是97%。有些父母对我说："我的孩子不会去找色情片。"但你的孩子根本用不着"找"，它们会找到他（她）。脸书上就充斥着这些内容，谷歌图片也是如此。色情片的制作者创造了以流行的儿童动画角色（比如爱探险的朵拉）为基础的网站。女孩们往往是在做家庭作业时，通过上网搜索某个无关紧要的词语时无意看见色情片。或者，男孩们会给她看自己手机里的这些图片。

这对于年轻人的性发育是一种史无前例的攻击，而性发育将决定性行为。这是第一代还没有性经历就先看过性暴力的孩子，甚至往往比他们的初吻还早。研究表明，看过色情照片的男孩更容易认为可以强迫女孩进行性行为。

年轻人希望从色情片中获得性教育，但那是糟糕的教材，是对以尊重为基础的性行为的歪曲，完全剥离了亲密感。它告诉女孩，她们只是为男孩和男人服务的工具。男孩会按照色情片中的内容行事。而女孩不喜欢这样，而且也会感到困惑，因为色情片告诉她，她应该享受这些。

毫无疑问，色情片对色情短信的流行有巨大的影响。甚至10岁的孩子也会用手机发送自己的性感照片。女孩很容易参与网上的"业余"色情片。社交媒体（比如聊天网站）让这个行业更容易招募年轻女性。

十几岁、二十几岁的人也被鼓励在网络摄像头前暴露自己。如果你所有的朋友都在上传性感的照片，并且获得很多评论，那么这件事就变得很有诱惑力。如果一个女孩从来没有因为其他事情得到过表扬和赞赏，这可能就是一个她可以得到表扬和奖励的地方。但她可能并不知道这样的图片最终会被传到哪里去，不知道这些照片会永远留在网络中。

2007年7月，MySpace驱逐了29 000名实名注册的性侵犯者。而那些用假名字注册的人很可能还留在网络上。我们要警告孩子们，正在跟他们聊天的男孩或者"女孩"可能是成年男性，所以他们绝不能向陌生人透露自己的生活细节，比如住址、电话号码，并且，绝不要跟对方见面。

在警告父母们注意当前状况的同时，我也想清楚地表明，我想要的并不是让女孩因为自己的性特征而感到羞耻。更准确地说，我想要的是指责当今的文化，它教育女孩们性特征就是她们的全部，并且向她们兜售扭曲和有害的性观念。

被鼓励的伤害

鼓励自我伤害行为的网站对女孩的危害显而易见。轻博客和LiveJournal（一个综合型SNS交友网站）有上千个专门讨论厌食、贪食、自我伤害和自杀的网页。这些网站充斥着愤怒、对身体的憎恨、自我厌弃的信息，以及跳出窗户自杀和死在浴室里的女性的照片，还有胳膊上刀疤纵横的照片。

那些"亲贪食"和"亲厌食"网站将贪食和厌食包装为一种生活方式而非将之视为疾病。如果你的女儿在这些网站上寻找"饥饿建议",那就说明她已经有或者很快会有很严重的问题了。

美国人哈瑞雷特·布朗在《勇敢女孩的饮食故事:一个家庭与厌食症的斗争》(Brave Girl Eating:A Family's Struggle With Anorexia)一书中呼吁关闭这类网站。[51]

如果可以关闭所有轻博客、博客和这类网站,我会毫不犹豫地这么做,完全不会顾及"第一修正案"①。因为这些网站上的内容与自由没有丝毫关系,也根本不值得信赖。那些内容与自我表达无关,因为那些对瘦骨嶙峋的崇拜并不是这些年轻女性真实的自我。对极端消瘦的渴望已经丧失理智了。

这些女性都已经被牢牢禁锢,被病魔玩弄于股掌而失去理性的判断。在她们的帖子里,她们在大声求救。

瑞贝卡·迈克林顿是一个19岁的学生,得了进食障碍症,正在恢复期。她在我的博客里留言说:"作为一个正在恢复的年轻女性,看着其他人受到这些网站影响,真是令人又烦闷又难过。"她的建议是:

如果你是一名家长,请你一定要监控孩子的上网记录。如果你正处于进食障碍的恢复期,正挣扎着想避免打开这一类型的网页,可以把你的需求告诉别人。也许可以请一个朋友来帮你屏蔽这些网页。如果你有足够的勇气,那么就自己屏蔽它们……

如果我们能支持彼此,在这方面做出努力,选择与那些鼓吹厌食或鼓吹贪食的网站划清界限,那么这可能就是减少进食障碍,以及它造成的严重危害和苦难的一个小小的但是非常重要的改变。

2012年,在那个16岁的墨尔本女孩自杀后,她的妈妈告诉ABC电视

---

① 指美国宪法第一修正案,内容主要是关于保证公民的言论及宗教信仰自由。——译者注

台，她对女儿那充斥着负面、鼓励自残信息的网络生活一无所知。这个叫佩吉·迈克因泰尔的女孩在脸书上分享她对自己的憎恶以及自残的照片，但是她的家人对她的这些秘密生活毫不知情。佩吉自杀后，她的脸书主页上有上千条留言。电话和短信无休止地涌来，直到她的妈妈回复信息，要求这些人停止。天堂没有网络，她对他们说。网络本身不会杀害这个女孩，却能让她变得越来越脆弱。

帮助你的女儿远离那些崇拜死亡的网站，并且告诉她该怎么做。也有一些积极正面的、提供专业帮助的网站可以帮助女孩们面对抑郁和对自我的质疑。

虽然佩吉的朋友——她在脸书上有300个好友——多数是充满同情心和关爱的，但她与他们的"相处"方式却是每晚独自在自己的房间里待好几个小时。她非常渴望得到无法通过网络获得的爱和亲密。

她的妈妈说她感觉自己被沉迷网络的女儿拒之门外。但是对于一个如此脆弱的女孩来说，比起同龄人的关注，她在痛苦的时候更需要的是面对面的关怀、深深的理解以及成年人的陪伴。

即使你的女儿接触网络的方式是安全的，你也要小心，她会在网上耗费过多的时间。精神健康领域的研究者担心社交媒体会限制或者缩小女孩的生活圈子。这样就有可能导致自恋行为（对自我的过分关注），而女孩在这个时期更应该做的是跳出自我，在真实的世界里成长为一个完整的、全面发展的社会人。在旧时代，女孩已经被禁锢得太久了，我们不希望同样的事情再次发生。

教育你的女孩要独立，要明白自己的价值来源于自己本身，而不是依赖于别人的评价。最终，这种观念就能成为保护她自己的最强大的盔甲。

父母课堂

父母可以做什么？

读到现在，你很可能打算砸烂家里的电脑，从孩子手里拿走所有的电话，把 iPad 扔出窗外。这些感受是可以理解的。但我们还是可以通过一些方法帮助孩子们在网络空间里找到方向，以积极和相互尊重的方式参与网络互动。

- 对你孩子正在使用的新技术表现出积极的兴趣。如果你没有自己的网络账号，注册一个，然后试试隐私设置。确定你的孩子的设置能最大限度地保护隐私。有些家长会开出这样的条件：如果孩子想拥有一个社交媒体的账号，那么她必须把父母加为好友。不过要小心，成为你孩子在脸书上的"好友"并不意味着你能看到她分享的一切内容。很多年轻人已经想出了屏蔽某些人（爸爸和妈妈）、不让他们看到自己的账号内容的方法。这会是个挑战，这也是为什么你需要在关于安全和底线的话题上跟你的孩子保持畅通的交流。

- 了解规则。你的孩子必须超过 13 岁才可以在脸书上注册账号。他们也许会因此觉得自己跟不上潮流，但是如果我们做父母的在这个问题上强硬一些，请孩子跟孩子的朋友们谈谈，让他们也这么做。

- 安装一个过滤网页的装置，同时把电脑摆放在家里的公共区域。现在还没有办法要求 ISP（网络内容服务提供商）在它们的源头进行内容过滤，所以我们得自己想办法在家里做这件事。

- 为使用社交媒体的时间做出限制规定。每天 24 小时在线对生活没什么好处。最重要的是在睡前不要接触电子屏幕，以保障良好的睡眠（见第 5 章）。
- 保证你和孩子之间的沟通渠道畅通。这样如果孩子看到网络上有什么让他们郁闷的信息，她就不会羞于跟你探讨。如果你怀疑你的女儿在看什么有害的网站，要跟她提出来，并进行干预。
- 总的来说，努力跟你的女儿保持密切的联系。与父母间紧密的联系能降低青少年危险行为的风险。
- 了解法律。通过电话或网络威胁或骚扰他人并对他人造成伤亡的人会面临犯罪指控。同样，18 岁以上的人向未成年人展示性图片，也会被指控。
- 为大环境的改善做出积极的努力。全世界的专家都认为我们已经创造了一个有毒的媒体环境，所以我们现在需要净化它。创造一个更加友爱、互相尊重、对孩子们友好的环境，来适应孩子们的成长。

第12章 Raising Girls
社交媒体——在丛林中生存

从世界的每个角落传来同样的信息——社交媒体正在伤害女孩们。但为什么会这样呢？我们又如何能帮助她们趋利避害？一般来说，13岁以下的孩子根本不应该接触社交媒体。而在16岁之前，他们的大脑还未发育完善，因此应该有限度地接触社交媒体。但我们首先要解释一下：为什么社交媒体如此危险？

要理解社交媒体对我们女儿的影响，我们必须先了解女孩的奇妙天性。她们的思维是如何运作的，又是如何适应当今世界的。这是一个神奇的故事，将真正帮助你明白该做什么，以及为什么要这么做。那么现在开始吧。

我们人类在地球上至少已经生活了20万年。而我们更早的祖先已经存在了数百万年。（这是一段相当长的时间。）人类生活在城市或城镇的时间只占人类历史的千分之一，我们拥有社交媒体的时间也只有20年左右。我们自身的构造并没有考虑到互联网的存在！

我们的一切——我们的大脑、眼睛、感官、我们的情感，几乎都是为在10人到20人的小型族群中生活而进化的。没错，我们的生活中只有大约20个人！想想看那是什么情景——与我们今天的生活方式相比。过去我们生活在大自然中，周围平和而美丽，生活不紧不慢。

第12章
社交媒体——在丛林中生存

狩猎采集部落通常具有很强的社会支持性。毕竟，彼此都是"家人"，从小到大始终互相关爱。（当然，所有家庭都难免会有冲突和争斗——早期人类的DNA证据表明，一个氏族中经常会有人离开并加入另一个氏族，有些人甚至会远走数千英里。就像今天，有些人真的无法忍受他们的亲戚一样。）

因此，对于你我的祖先来说，狩猎采集部落是我们的天然单位。我们必须具备合作的技能——作为一个出色的团队，我们能猎杀大型动物，把巨大的洞熊赶出洞穴，并获得最好的住处！

人类的思维进化成为"相处"模式，能读懂彼此的感受，从而让这一切变得更容易，并能确保安全，让人人快乐且相互合作。人类是自然界中最伟大的合作者，这是我们的超级能力。今天，我们有80亿人，却不再有洞熊！

你猜怎么着，女性的合作能力比男性好得多。在狩猎采集部落中，男性按等级制度工作，行动是他们的强项，为了狩猎，行动必须迅速。因此，有人发号施令，其他人唯命是从，即使是年龄最小的男孩也要遵从这种方式。你要做的就是服从！

女性的协作性要强得多。女性的任务是采集食物，这使得她们有时间进行协商和分享想法。当然，男人也会合作，女人有时也会掌权或去打猎。但是，社交能力是女性的强项，如今她们在这方面仍然能力更强。女孩更有同理心，更善于言辞，大脑发育也明显早于男孩。

我们的孩子仍然保留着石器时代的设计模式，感官很敏锐。因此，你的女儿——即使在婴儿期，也能很好地解读情绪。她会注意到事情是否不对劲，如果有人对她不满或挑剔，她会感到焦虑或担忧。她的身体会呼应房间里的紧张或不安的气氛。科学家在研究婴儿床中的早产儿时注意到，当父母注视他们时，他们会看看母亲的脸，再转头看看父亲的脸。他们已经在观察家庭中的气氛了！

这就是为什么我一直在对你们讲述这些古代历史。当一个女孩的情感生态系统中只容纳了十几个爱她的家人时，她的心理健康情况就会运转得很好。

后来，互联网出现了。突然，整个世界都可以进入她的生活，无论白天黑夜。当社交媒体出现时，我们大多数人都在想，现在我们可以有成百上千的朋友了，我们可以和世界上任何地方的任何人交谈。

突然，我们的女孩——她们的感觉系统被设计成能读懂最微妙的情绪——被扔进了一群愤怒的暴徒之中，这些暴徒有时相当不安分。最重要的是，这些人根本不关心她，他们有些是性掠夺者，有些只是普通的恶霸，或者充其量是冷漠的陌生人。她的社会生态系统一下子变得混乱、严酷而挑剔，就像一片阴风阵阵的荒地，有生物在暗处潜行。由此导致的结果是，她过度焦虑、出现睡眠问题、抑郁、自残，甚至更糟。

我们做父母的却迟迟没有意识到这一点。我们以为女儿们在卧室里对着屏幕时是安全的，但实际上，她们却在世界的暗巷里游荡。如果这让你不寒而栗，那你的感受是完全正确的。

世界各地都有女孩因社交媒体上大量的欺凌行为和攻击性帖子而自杀的事。因为这种精神痛苦是难以承受的。与在山洞中或在乡村不同，由于无法面对面地看到后果，所以即使是普通的孩子也会傻乎乎地加入诋毁他人的游戏中去，发布可怕的内容："你是个没用的废物。你为什么不自杀？"

没人会对此感到心平气和，即使是坚强的成年人。在我的脸书里，99%的人都友好热情。但大约每隔几个月，就会出现一个令人讨厌的帖子。这可能会让我心烦意乱好几天！而我是一个世界知名的心理学家，拥有强烈的自尊心，身高193厘米。我们的大脑天生会注意到负面的东西，因为我们需要周围的人保持快乐，这样才能打败那些负面的东西。负面的东西会引起我们的注意。

身体形象也一样

对女孩来说，另一个重大问题是身体形象。当社交媒体变得更加可视化时，女孩们就会接受"如果你想获得快乐和被人接受，你就必须是这个样子"。研究人员发现，进食障碍与上网时长有很大关系。女孩们看到了那些完美的身材，以及所有关于体重、身材、食物和体形的讨论——对于女孩们来说，互联网已经成为她们的"参照群体"。在某种程度上，我们是群居动物，尤其是在我们的大脑完全发育成熟之前。青少年正试图融入其中，并弄清什么是正常的。而互联网教给他们的东西实际上是非常不正常的。事实上这是一个非常怪异的地方。互联网会导致他们憎恨和伤害自己，而父母却丝毫不知道出了什么问题。

那么该如何处理呢？中国政府比世界上任何其他国家的政府都更加积极主动。现在，中国政府对抖音的未成年用户的访问时间以及访问时长都做出了限制。14 岁以下的孩子每天只能在早上 6 点到晚上 10 点之间登录，并且时长不能超过 40 分钟。无论在学校还是家里，手机都会让所有人分心，因此中国教育部在 2021 年禁止孩子在没有家长书面同意的情况下在学校使用手机。

（孩子们玩网络游戏到了一种不健康的程度——男孩这方面的问题更加突出——这种情况也受到了管制。2021 年，中国政府规定，18 岁以下的孩子每周玩游戏的时间不应超过 3 小时。游戏玩家可以在周五、周末和节假日晚上 8 点到 9 点之间各玩一个小时。）

不过，规章制度的作用是有限的。我和许多心理学家都建议，卧室里不应有电子设备。事实上，如果全家人从晚餐时起，就把他们的电子设备放在一边，直到天亮，这对家人之间的亲密关系和良好的睡眠都有极大的帮助。（夜里上网的孩子通常会有严重的睡眠问题，一是因为内容让他们焦虑，二是因为屏幕会影响褪黑素，而褪黑素是一种与睡眠有关的激素。）

简而言之，你应该设法确保互联网的使用是健康和有益的——你一定可以做到。你的十几岁的女儿可以利用网络与家人和远方的朋友交谈，了解世界，探索感兴趣的事。通过网络世界，生活可以变得更加丰富多彩。你要记住，青少年的大脑还不具备约束自己或识别危险的技能。你应该参与他们对网络的使用，并每天都与他们谈论相关问题。

一定要带着善意并用温和的态度来做这件事。和你的女儿谈谈她使用社交媒体后的感受。她是否会感到焦躁或不安？然后，她就会明白如何明智地选择在哪些平台和哪些人建立联系，并将现实世界作为自己寻找爱和获得肯定的源泉。你和她可以把那些洞熊赶走！

第13章 *Raising Girls*
善于伪装的女性孤独症患者

近年来,人们对孤独症患者的理解和同情有了很大的进步。最初,孤独症只用于描述那些在社交方面存在极大问题的孩子,他们有交流障碍,甚至无法与父母建立社交联系。他们饱受外界刺激之苦,对触觉极其敏感——比如衣服上的标签会让他们心烦意乱。

但很快,人们就发现这是一种"谱系"障碍,也就是说,你可能有一些,或很多,或中等程度的问题。(这涉及 70 多种基因,可能有多种不同的组合。)许多非常成功或对社会有贡献的人——科学家、医学专家、艺术家和其他人——都有孤独症特征。

长期以来,人们认为大多数孤独症患者都是男孩或男人。但后来有了一个非常重要的突破——人们发现,事实上有成千上万的女孩和妇女患有孤独症,只是她们更善于掩饰而已。但是,她们也需要得到理解,她们的需求也需要得到满足。

孤独症患者在生活中遇到的最大困难是,大脑的差异影响了他们对社交的理解。阅读面部表情、推断他人情绪和共情能力都会受到影响。(事实上,阿斯伯格综合征患者可能会对他人的情绪有很多共鸣,但他们很难表达或做出处理)。

青少年发现自己患有孤独症的最常见原因是他们在交友、在学校的社交生活方面遇到困难。可悲的是，在一个缺乏关爱或不够温和的环境中，他们可能会受到严重的欺凌。刻薄或教养不好的孩子会把他们的与众不同当作嘲笑或折磨他们的借口。你可能会问，到底是孤独症儿童缺乏同理心，还是那些欺负他们的人缺乏同理心？

但在高度组织化的环境中，如果非常依赖于死记硬背，许多孤独症儿童和青少年都表现得很好。

(我个人对此深有体会，因为我也被诊断患有阿斯伯格综合征。作为一名心理学家，我在世界范围内取得的成功来自我对理解人类所做的努力，这样我才能发挥自己的作用！希望这能让数百万使用我的书的读者受益。我想让你知道这一点，如果你家有一个孤独症青少年，他很有潜力，但也面临很多挑战)。

但是，回到我们的重点。女孩和妇女的大脑皮层令其拥有更好的语言技能，即使孤独症影响了理解能力，她们能感知到的情绪也非常多。因此，孤独症女孩可能会发现，尽管她并不真正理解社交，但她可以模仿同龄人的言语和语调，在社交中变得"得心应手"。

观察仔细的人可能会发现，孤独症女孩说话时有一种奇怪的气质，就像在演电影一样，但其他人不会太在意。孤独症男孩做不到这一点。但是，用模仿来掩饰需要耗费大量的脑力，而且随时都有可能出错。因此，您女儿可能患有高功能孤独症的主要迹象往往是她非常焦虑。她可能经常大汗淋漓，浑身发抖，与人相处10分钟或20分钟后就需要离开安静一会儿。当然，她也讨厌嘈杂的声音、拥挤的地方和明亮的灯光。我认识的一个女孩能听到屋内灯光发出的高音，甚至能听到蝙蝠的叫声。这就不难理解为什么孤独症女孩非常喜欢独处，并在自己感兴趣的领域和书籍世界里感到快乐。

孤独症女孩的境况因一部美丽动人的韩国电视连续剧《非常律师禹英

第13章 善于伪装的女性孤独症患者

褥》的成功而得到很大改善。这部电视剧在网飞（Netflix）上映时是全球收视率最高的非英语节目。你也可通过其他渠道观看。该剧讲述了一个患有孤独症的女孩在朋友的帮助和父亲的关爱下，克服重重误解和困难，成为一名出色律师的故事。每一集中，她都从自己对鲸鱼的古怪兴趣中汲取灵感，来处理法律案件！她还与一位有爱心的年轻人相爱了，这位年轻人为理解她的世界做出了很多努力。如果有机会，你一定要看看这个电视剧——它对每位家长都会很有启发。

请以开放的态度面对：你的焦虑的女儿是否患有孤独症的特征？对于这个问题，请允许她成为自己，这样她才能从这些特征中受益。我们这些孤独症谱系障碍患者可以给世界带来很多东西，只是需要了解我们的不同需求。

第14章 *Raising Girls*
心理健康和成绩优异可以兼得吗?

我正坐在台上,面对众多家长。我们都舒适地坐着,并开始彼此信任。我向他们讲述了我作为一个孤独症儿童曾遇到的问题。从小学到大学,我始终过得非常艰难,花了很长时间才找到自己的道路。我的讲述有趣又感人。他们知道故事的结局是好的,因为这屋里的每个人都有我的书,而我正好端端地坐在他们面前。他们都放松了下来。

因此,我可以问他们一些更深入的问题,并且,我知道他们会诚实作答。我问:"你对女儿有什么样的期望?"答案总是相同的两件事:"我们希望她们心理健康,心情愉快。同时,我们希望她们能开心地完成作业,努力学习,学业有成。"

会场上不时响起几声沮丧的笑声,因为在现代社会,这两个目标并不一定能实现。这正是他们来参加这次讲座的原因。

作为一名心理学家,我的工作是挑战和拓展家长的思维,帮助他们找到自己真正的信念并将其付诸实践,因此我提出了一个简单的问题:如果你只能实现其中一个目标,你会选哪个?终身拥有良好的心理健康状况,还是学习成绩名列前茅?

第14章
心理健康和成绩优异可以兼得吗？

答案毋庸置疑。如果你的女儿高度焦虑或抑郁，甚至可能罹患精神疾病，那么即使她是学术明星，她的生活也是悲惨的！事实上，除非她能够放松和快乐，能够充分休息，好好睡觉，能够欢笑和娱乐，否则她无论怎样都不可能真正算好。她坚持不了多久就会耗尽能量。总之，事业成功离不开心理健康。一个是基础，一个是屋顶！因此，铸就幸福和获得内心平静是我们首先要关注的。

在实践中，这会是一条中间道路——在学校，要尽你所能努力学习，但要把幸福的家庭生活放在首位。这就是本章要帮你做到的。我将帮助她们在学业上放松下来。

情况变得非常糟糕

如果你在过去几年里阅读过杂志或网络新闻，你一定看到过这类文章：全世界女孩的心理健康状况都出现了断崖式的下滑。而在中国，这一问题正引起人们的极大关注。造成这一危机的原因显而易见。课程和家庭作业的压力让孩子们感到疲惫、焦虑、绝望。

女孩的情况更糟。在中国，约有五分之一的女孩存在严重的心理健康问题[52]。女孩患焦虑症、抑郁症或睡眠质量差的概率几乎是男孩的两倍，而且她们出现这类情况的时间更早——通常是在小学阶段。

中国小学三年级孩子的家长报告说，孩子因为害怕考试不及格而在睡梦中尖叫。从十几岁的孩子自杀的报道可以看到，在他们留给伤心欲绝的家人的书信中，学校的压力是导致自杀的一个重要因素。

这甚至引起了国家层面的关注，中国政府在设法减轻孩子们的压力，减少家庭作业，禁止私人辅导。[53]

父母课堂

过多的考试，过多的作业

一些小学——包括一些私立学校——疯狂地让孩子参加考试，这完全没有必要。一个好老师能够发现班上谁在数学概念或语言技能上有困难。考试只会让孩子们恐慌，感到羞愧。恐惧不能带来好的学习效果。问题在于，对于12岁以下的孩子来说，这么大的压力并不利于他们的成长。上海市精神卫生中心的专家金金最近告诉《第六声》(Sixth Tone)杂志，他们的热线服务现在接到了更多来自低龄儿童或其父母的电话。她在采访中说："年幼的孩子无法管理压力。他们害怕受到批评，害怕辜负别人的期望，担心会发生可怕的事情。"

总之，在这个年龄段，考试的压力与孩子的发展是不相称的。这也是非常可悲的。童年本应是快乐的，本应充满对学习的热情，本应热爱知识。童年应该是一段没有恐惧和羞耻的时光。

家庭作业的情况也一样。全世界的研究已达成共识：每高一个年级，作业时长的增加不应超过十分钟——因此，一年级最多十分钟，到十二年级慢慢增加到两小时——甚至不应该是每天晚上都有作业，而只是在临近考试时才有。更多的作业会造成疲劳、绝望和排斥。在家的时间是孩子用来放松、参与各种家庭活动和玩耍的。父母不应该成为家庭作业的主导，除非真的遇到紧急情况。[54]

学校可以聘用心理健康辅导员，但如果学校本身就是造成压力的原因，那就有点荒唐了。学校不应用每周大量的考试来吓唬孩子，而应设法让老师有时间了解每个孩子，在自然的学习过程中帮助他们。我们必须严格控制家庭作业的量，否则弊大于利。

第14章
心理健康和成绩优异可以兼得吗？

所以，希望我已经说服了你们，心理健康比学业成功更重要。事实上，没有良好的心理健康状况，就不可能有学业上的成功。教育是人生中很重要的一部分，因此你需要愉快地接受教育。

孩子们的心理状态极好，并在学业上取得合理的成功（即反映他们的能力，并适合他们的水平），这种情况是可能出现的，家长在其中的作用极大。不是每个人都能成为教授、首席执行官或顶级科学家。重要的在于做健康的自己。

心理健康的基础是什么？

心理健康的基础需具备一个要素。无论孩子有残疾，还是成绩平平，抑或是学业优异，它都适用。这个要素完全掌握在爸爸妈妈手中。如果你提供了这一要素，它将伴随孩子终身。那么，这个神秘的东西是什么呢？

那就是知道自己被无条件地爱着。无条件的爱为终生的心理复原力奠定了基础，因为它能让你在这个世界上感到安全。它是焦虑或抑郁、压力或恐惧的解药。当我们长大成人，父母早已不在，我们可以从内心深处汲取对这种感觉的记忆："我知道爱是什么感觉，我知道完全的自在是什么感觉。因此，我可以重新找到那个地方。"

我们希望孩子具备的品质：坚韧、友善、与人和睦相处、自立、关爱、乐观，都来源于此。

并非每个人都具备这一要素

有些孩子——也许也包括你小时候——并不了解这种要素。他们觉得只有满足了父母的某种理想，他们才会得到爱，才是一个可以被接受的孩子。这是一种可怕的感觉，因为这意味着，在内心深处，我们永远没有安全感。

毕竟，作为一个孩子，我们的生活本身就依赖于这些大人，如果他们讨厌我们或拒绝我们怎么办？

在过去的几百年中，这种情况非常普遍——父母冷漠、严厉、大喊大叫或动手打人，如果孩子不按照他们的要求去做，父母就会收回对他们的爱，这只会让孩子觉得非常没有安全感。只有体验到无条件的爱，孩子才能充分发挥自己的潜能。

要体验其中的含义，不妨试试这个实验。深呼吸一两次。让你的肩膀垂下来。现在，想象你是一个孩子。你被一个平静、体贴、温暖的成年人抱在怀里。这个成年人认为，当下你就是他们世界中最特别、最重要的人。他们用温柔慈爱的目光注视着你。他们轻轻地抱着你。如果你有任何需要——喝牛奶、温暖的拥抱、想要活动手脚或伸展身体，他们都会帮助你。

想象这一切的时候，体会一下身体里的感觉——完全安全、完全被照顾，最重要的是，被珍视和重视。你不会犯任何错，这个人爱你，从不生气，甚至不焦虑。你能感觉到自己的肌肉、皮肤，以及你的思想是多么柔软吗？你甚至会因这种爱而如释重负地长出一口气，甚至会因这种爱而热泪盈眶。

也许在现实生活中，在你真实的童年里，你从未感受过这样的爱。但你可以想象一下。

我们现代人都是艰难岁月的产物，我们的祖辈，或者我们的父母，几乎都在不同的国家和地方经历过战争、饥荒，都曾逃离过伤害、暴力和贫困。这样的经历留下了创伤。有些人的经历比其他人更糟糕。你也许对自己的家族史有所了解，或者可以猜测得到。

当我们努力帮助自己的孩子的同时，我们还要忙于生计和打理家务、这种创伤有时就会不由自主地进入我们的身体。

几乎每一位父母都深爱着自己的孩子。但问题是，这种爱是否会呈现出

第14章
心理健康和成绩优异可以兼得吗？

来？在现场做演讲时，我会站起来，走近听众，提出这个问题："你的孩子真的相信你爱他们吗？无论发生什么都不会改变？即使他们考试不及格？即使他们犯了可怕的错误？即使他们不是你所希望的那个孩子？"

当我还是个小男孩的时候，我的父母是慈爱和善良的。但我妈妈是英国人，那时候是20世纪50年代，所以，她从不拥抱我。我记得并且非常渴望她抱起我，因为那种触感太美好了。但到了我十几岁的时候，由于孤独症的问题，我的社交能力很差，这意味着我很难相处，我令人捉摸不透，难以理解。在我离家后的十多年里，我甚至没有和父母说过话。这让他们非常痛苦。幸运的是，其他人出现了。最终，我学会了与人沟通，我们原谅了对方，变得非常亲密。我妈妈学会了拥抱，并且她非常喜欢这样做。他们最终为我感到骄傲，我也为他们感到骄傲。

修复自己的创伤，避免传递给他人

有时，我们的孩子功课做得不好，或者学校布置的作业太多，或者孩子感到压力太大。当这种情况发生时，你的身体会发生什么变化？会产生恐慌——孩子的失败等于我们的失败！

想象一下这种情况发生的那些时候。你会有强烈的感受——也许是恐惧、愤怒、痛苦。与其迷失在情绪中，不如专注于身体的感觉——你身体的哪个部位有感觉？试着用"火辣辣""翻腾""紧绷""喘不过气""恶心"或其他任何能描述你感觉的词语来形容它。找到那个部位——胃、胸部、喉咙、肩膀、头部？对自己说："我身体里有东西在'发热'，或者有东西在'翻腾'。"这会让你与它保持一点距离，它并不是你的全部。它只是你体内的某些东西。

然后问自己一个非常不寻常的问题：我以前在什么时候有过这种感觉？如果你能静下心来想一想，你可能会记得自己曾经感到不被爱或者被指责，或害怕。那种感觉多么可怕。这对你想尽力快乐地度过童年的努力是多么无益。

如果你能为自己的伤口浇上一些抚慰的"水"——这是我们作为成年人，可以为童年的自己做的事——拥有一些来自远方的善意和同情，那么我们就不会在不知不觉中伤害自己的孩子，我们会让自己的身体变得柔软，让自己的声音变得温柔。

我们需要对他们说："不管成绩好不好，你都很棒。我爱你，无论你是公交车司机、银行职员还是首席执行官。只要你快乐、善良，无论你做什么都没有区别。"

"生活中最重要的是拥有一颗充满爱的心，诚实待人，与人为善；努力工作，但不要有压力。记住，没有什么能阻止我爱你。"

这些话要发自你的内心。

Raising Girls

第3部分

女孩和她们的父母

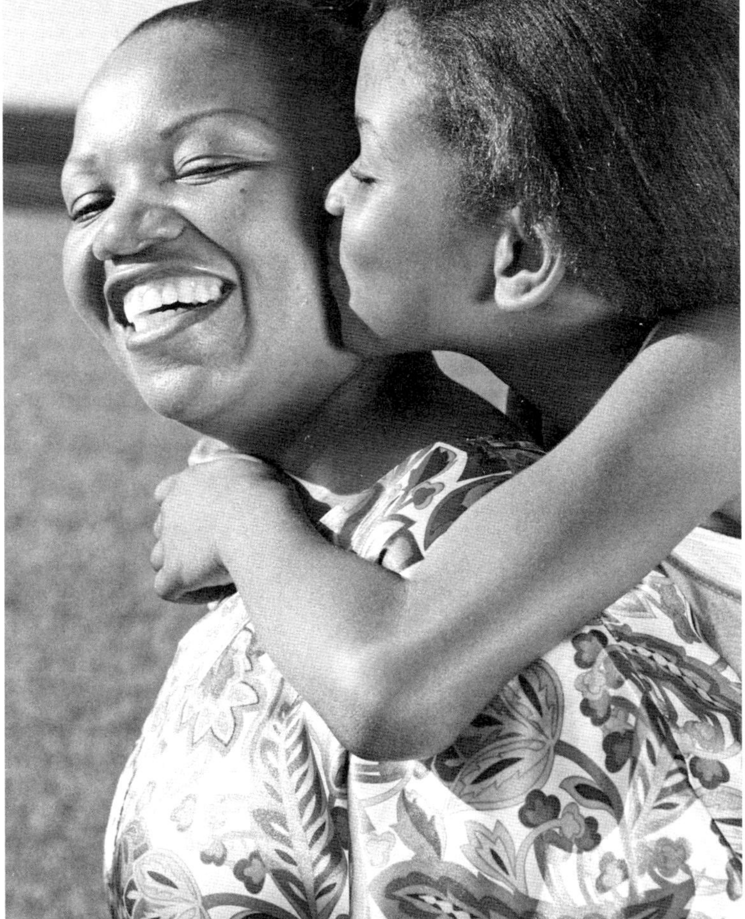

第15章 Raising Girls
帮助她倾听自己，找到自己

几千年来，妇女和女孩的生活中一直笼罩着一层可怕的阴影，它造成了巨大的痛苦、伤害并极大地浪费了她们的潜能。但是，只要我们齐心协力，就能确保我们宝贝女儿的生活中不再有这种阴影。

这种阴影被冠以不同的名称——父权制、性别角色、社会期望，但所有这些加起来都是同一件事。如果你是个男孩，你就会通过无数种方式接收到这样的信息——你比女性优秀，你拥有更多的权利，无论在大千世界，还是在自己家中的小小天地，你都有更多的发言权。

如果你是个女孩，你的角色就是为满足他人的期待和愿望而活，也就是你的丈夫、男上司、父母的期待，以及社会对女孩的要求。女孩应该温顺、听话。你在世界上的作为是受限的。我们要明确一点——这是一种巨大的不公正，几个世纪以来，它摧毁了一半人类的梦想和才能。

大多数读者都记得，在他们的父母或祖父母生活的时代，女性屈从于男性，甚至一直惧怕男性。这导致她们过着受束缚的生活。有骨气的女性一直在私下暗暗与这种状况作斗争，到了 20 世纪，随着一场席卷全球的伟大运动——女权主义——的到来，这种斗争公开化了。

情况正在转变

今天，在我们自己的家中，我们有机会培养女儿们，让她们点亮自己的内心之光、找到自己内心的指南针，让她们始终知道自己是谁、自己想要什么，并有机会实现理想。

首先，我们要让她们知道她们在职业发展、受教育、参与政治和社区活动方面的潜力，以及过去的妇女是如何为改善她们的生活而奋战的。但是，还需要更深入的学习。真正了解——在面对"美丽"、"从众"和"完美主义"的旧有标准和新期待的风暴时——真正的自我是什么，它想要什么。谁才是真正的你？

如何找到真正的自己？

要为自己内心的渴望而战，你必须知道自己渴望什么。你必须能够倾听自己内心的声音，而不是听那些对你大喊大叫的声音——要这样，要那样，要相信这个。

神经科学发现，我们确实拥有一种内在指引，告诉我们想要什么。我们内心深处的自我往往是一个非常安静的声音，但父母或祖父母可以引导女孩，让她听到这个声音。

每当有人向我们提出要求、提供选择或向我们强加某个选择时，比如请求我们帮忙，或者指导我们的行动，我们身体的某处就会有一个答案。这就是所谓的"感觉"。我们的身体里有某种东西在涌动，无声地告诉我们"我不喜欢这样"，或者"是的，我想要这样"。它是直觉、记忆、身份和深切向往的结合体，主要来自大脑右半球，这个部分负责处理无法用简单语言表达的复杂感知。但它是作为一种生理反应被感知的，真实地存在于我们的"内脏"中。我最近写了一整本书[55]来讲述这个问题，很抱歉，我的解释很不充

第15章
帮助她倾听自己，找到自己

分，但我想，从你自己的生活经验中，你应该知道我在说什么。在你内心深处，有一个地方"知道"答案。一直以来都是这样，但现在我们有了科学的解释。

这种感觉可以是关于职业选择、伴侣选择这样的大事，也可以是关于朋友的言行举止、待人接物这样的小事。

但对于孩子来说，要从小事开始。下面这个故事就能说明这一点，即如何在我们的身体里找到真相。

六岁的索菲正在学习骑车。这是她的第一辆自行车。她妈妈和她一起在公园里玩。索菲出发了，她发现自己的平衡能力很好，摇晃了几下后，她就沿着小路飞奔起来。但她骑得太快了！妈妈跟在后面跑，叫她慢一点。这时索菲撞到了小路转角的地方，摔倒在地。附近有几个年龄较大的女孩，她们看起来很惊慌，不知道该怎么办。索菲的妈妈把她扶起来，但索菲一直哭个不停。

即使回到家以后，她还在哭，好像停不下来。妈妈可以选择对索菲说：

1.安抚的话："让我亲亲你的膝盖，让它舒服点。我去拿创可贴。我们可以明天再去骑车。"（这样做没问题，值得一试。但索菲还是哭。）

2.转移注意力："我给你拿点冰激凌或柠檬水。这样你会感觉好些。"（甜食是一种安慰，但也许并不是一个好的处理问题的方式。）

3.愤怒和不耐烦的话："够了！别哭了！你骑得太快了，都是你自己的错。我告诉过你要慢下来！这就是个教训，以后要听我的话。"（换句话说，就是让孩子忍气吞声，照别人说的做！这也不是一种好的处理方式。）

4.或者，妈妈可以做一些非常有趣和有用的事情——引导索菲倾听自内心的想法。

妈妈：你骑新自行车摔得很惨，但你表现不错。你敢骑那么快。现在你的膝盖有点擦伤，肯定很疼！

索菲继续哭泣：是呀……是的……是……

205

妈妈：你哭得这么厉害。你能感觉到那个坏东西藏在你身体的哪里吗？

（索菲指着自己的肚子。）

妈妈：你能友好地问问它那里是什么感觉吗？

索菲：我的肚子不舒服，非常不舒服。（她变得更加安静和专注了。）

妈妈：它在你的肚子里。它在你肚子里做些什么？

索菲：它在肚子里转来转去。（她的手在肚子上来回抚摸。）

妈妈：它就是一直到处转悠吗？

索菲：就像手在挠来挠去。

妈妈：就像手在挠来挠去。如果你一直有这种感觉，那双挠你的手是不是有什么事要告诉你？

索菲现在开始大声抽泣：是的，那些大孩子不应该站在那里看着，就像……她们肯定觉得我是个小傻瓜。

妈妈：你讨厌她们站在那里看。她们比你大，所以你担心她们认为你又小又笨。

（停顿）

索菲：是的，我讨厌她们那样做。

她们又聊了一会儿，索菲现在平静下来了。事实上，她并没有受多少伤，也没那么伤心或害怕，她更多的是愤怒。很明显，这件事让她产生了屈辱感。没有迹象表明女孩们在嘲笑她，但在某个地方、某个时刻，她可能曾有过这样的经历。愤怒是一种强烈的感觉，它的用处在于可以迫使旁观者退后。索菲的妈妈并没有试图说服她不要愤怒，她认为"女孩在这个世界上需要有点脾气"。这也能帮助她重新骑上自行车，成为一名出色的骑手！索菲现在不哭了，她想明天再去骑车！

女孩经常"内爆"自己的愤怒，这只会伤害自己。

索菲的妈妈帮助她倾听自己的身体和身体发出的信号，帮助她找到了让自己内心强大的地方。还记得这本书里讲过的，吉纳维芙和她的妈妈与那个

第15章
帮助她倾听自己，找到自己

逼迫她发生性关系的男孩吗？"你的身体在告诉你什么？"这永远是最好的问题。它将你带回到内心的指南针。这就是你的力量所在。

想一想，养育女儿时，你习惯于转移她的注意力吗？或者指责和批评她的感受？这些做法都会夺走她们内心的力量，让她们变得更加脆弱。如果你想改变这种习惯，试着引导你的女儿去感受她自己的内心，看看这样做会如何让她重新获得力量！

如果你真的相信——你的孩子往往在内心深处知道自己需要什么——那么她就会相信自己的内心和力量，而不是指望别人来定义她。

第16章 Raising Girls
我们为什么不应该对女孩大喊大叫？

这确实是为人父母的底线——一家人应该和睦相处。我们应该与彼此和睦相处，与这个严苛的世界和睦相处。要做到这一点，需要相当的风度和技巧，我们一直在学习，磕磕绊绊地寻找更好的方法。如果你正在阅读这本书，说明你愿意在与女儿相处的生活中变得更成熟和快乐。这是一个非常有希望的改善信号——对你有好处！

最大的挑战在于如何从我们的互动中消除负面情绪。过往的艰难岁月为我们的家庭生活留下一个强大的传统——使用两种"毒药"。这两种"毒药"彼此密切关联，它们的名字叫"羞耻"和"恐惧"。

过去的父母对心理学一无所知，会陷入自身的压力和羞耻感之中，也就难怪他们往往直接采用惩罚和责骂的方式来迫使孩子合作。

我相信你一定还记得自己小时候被责骂或羞辱的情景，几乎每次都伴随着大声叫嚷，也许还会挨打或受到其他惩罚——不给食物、关在房间里、东西被拿走。你还记得吗，发生这类事情的时候，你有什么感受？

孩子很弱小。即使是青少年，通常也不如他们的父母强壮。女孩更是如此。当一个比我们个头大得多的人对我们大喊大叫，或者更糟糕的是，愤怒地殴打我们时，我们的身体中原始的那部分就会认为，我们可能会死。当这个部分占了上风，那么我们所有的理性思维就消失了。

在这种时候，我们往往会出现两种状况。

要么，我们内心崩溃，自我意识崩塌，感到害怕，觉得一切支离破碎。由此导致我们失去信心，更加难以面对生活。我们受了创伤，或者更糟的是，因为类似情况可能会再次发生，我们会变得高度警惕。我们会难以入睡，身体处于紧张状态，无法集中精力。

要么，我们会反抗、愤怒，等待时机以更加挑衅的方式"让他们知道他们错了"。然而，这往往是自我毁灭的方式——小时候就偷偷摸摸或行为任性，或者在青少年时期就"偏离轨道"，吸毒、酗酒、发生危险性行为或触犯法律。信任不复存在。我们不想让孩子们有这些行为；我们希望他们感觉良好，能够以轻松的方式学习、转变，并与我们合作。因为当你感到被尊重时，合作就是一件快乐和幸福的事情。为了更大的利益，需要将自己的需求与他人的需求结合起来，这是一种生活技能、一种双赢的态度。

保持安静

大嗓门和愤怒的腔调之所以成为一个特别的问题，是因为它们会对我们产生生理上的影响，因此我强烈建议你们停止对孩子大喊大叫。没有什么事情是不能平心静气地解释的——做适量作业的必要性、分担家务的公平性，以及要善待兄弟姐妹，这样爱才能生长。从长远来看，这些都对你更有利。当你想大喊大叫时，做一些深呼吸，或者先到另一个房间去待会儿。你可以先解释一下，说你需要一些时间。当你觉得能够平静地与他们交谈时再回来。（这是一项可以向孩子们展示的很好的技能，他们也会需要的。）

如果孩子在做危险或愚蠢的事情，请与他们分享你的心情："当你不让我知道你在哪里时，我会感到害怕。""如果你不学习，我担心你找不到想做的工作。"

　　他们可以从自己的感受出发，做出回应，让你了解他们的真实情况。前进的道路总能找到。养育孩子的目的不是控制他们，而是让他们一点一点地逐渐拥有强大的自我控制能力。重要的是，当你不在他们身边时，他们会知道该怎么做。

　　孩子们的天性是想要与人相处，想要享受适度的努力和挑战，想要开心地笑、快乐地玩，想要与你分享他们的心事。如果家庭生活中不再有让他们恐惧的东西，那么这些品质就会回归，你的家就会成为每个人都喜欢的、快乐而富有成效的地方。

　　[这一部分的内容得到了我妻子莎南·比达尔夫（Shaaron Biddulph）的大力协助。]

第17章 Raising Girls
女孩和妈妈

关于养育女孩，有一个事实是所有人都赞同的，那就是母亲的核心作用。其中的道理非常简单：母亲是女儿的榜样。从远古时代开始，对95%的女孩来说，同性的影响力都是最大的。全职爸爸可以成为主要照顾者，也会对女儿产生很大影响，而妈妈缺席的时候，阿姨或者祖母可能会取而代之。但是对于大多数女孩来说，是母亲让她们懂得成为一个女人的意义。这是件意义非凡的事。

在人生的不同阶段，女孩可能会崇拜妈妈，也会憎恨妈妈，会敬仰她，也会指责她——在20年的成长历程中，这些情感都会出现。但无论如何，没有女儿会认为她的妈妈不重要。在你离开多年之后，你的女儿还会记得你的笑容和你的抚摸，记得你教给她的一切，记得你带给她的感受。她会将这些通过爱传递给她的孩子，这种爱将代代流传。

榜样是怎样发挥作用的？

仔细想想，孩子在成长过程中需要学习的东西其实是非常复杂的，可不仅仅是学骑车或者学芭蕾——我们所做的每件事都是需要学习的。如何保持耐心，如何提出指令，如何友好地与丈夫争论，让他能真正明白你的意思，如何在筋疲力尽时用幽默振作精神，如何去爱——这些可不是能从书上学来的。我们会通过观察周围的人来学习如何做人。如果没有榜样，我们就会毫无头绪，生活将变得非常难熬。没有好榜样的人很容易身陷麻烦，甚至入狱。（为"风险妈妈"提供帮助的社工经常看到，这些妈妈从未有人温和地管教过孩子，总是骂孩子，把孩子锁在柜子里，或者打孩子耳光。她们真的不知道除此之外还有别的办法。）

孩子的大脑被设置为观察和复制的模式。有一种叫作"镜像神经元"的特殊的神经网络结构连接着我们的眼睛和肌肉，因此我们会在不知不觉中将我们看到的他人的行为变成我们自己的做事方式。你会注意到自己有一些与爸爸妈妈一样的特殊的习惯，园艺爱好者或者动物爱好者的后代往往也会有同样的爱好。如果你的孩子爱你，他们就会想要成为像你这样的人。

所以，做好准备吧。你知道会发生什么，对吗？你的女儿将会成为你。在成长过程中她也会从其他榜样身上学到东西以及一些特别的经验，加上你对她的影响，她会逐渐成为"自己"。但在她前行的过程中，你始终在她心里。如果在做母亲的过程中你能成为最好的自己，那么她就有了一个最好的开始——她将带着你能给她的最好的东西走上成长的路。

父母课堂

继母该怎么做？

如今有大概 1/3 的妈妈是继母。[56] 给一个女孩当继母本是一件非常温暖和美好的事情，因为它将有助于从生活点滴中培养爱与亲密的关系。继母们告诉我，最重要的是，如果那个女儿还对她的生母怀有留恋或者失去母亲的悲伤还非常强烈，那么就不要强迫她选择你。你的目标不是要取代她的母亲，而是要与她建立一种新的陪伴关系。信任和亲密感的建立都需要时间，你的继子女最终会在感情上靠近你。保持平静，保持善意，爱就会生长。

历史上，数以百万的孩子找到了除生母之外的另一个母亲。在对母亲的需求上，所有人都是一样的。女孩需要很多很多爱，她生命中的榜样越多，她就会生活得越好。

审视你的行为

所以，让我们采取一些实际的行动。你在哪些方面如何发挥榜样的作用可能决定着你的女儿的起点。迅速看一眼你的生活：

- 你可以跟男性相处吗？或者这是不是你生活中的一个灾难区？
- 你知道如何交朋友和维持友谊吗？
- 你知道如何放松吗？
- 你知道如何信守诺言吗？
- 当前途漫长艰难，你知道如何继续前进吗？

你的女儿会从你身上学到这些。此外，我们还会无意间向女儿展示一些其他的日常琐事。如何应对压力就是其中很重要的一项。在我的名为"幸福孩子的秘密"的演讲中，我告诉了父母们一个很令人惊讶的事实——你的孩子不可能比你更放松。这是因为，至少是在最初的几年中，他们的压力水平会随着父母或者其他亲近的人的压力水平的变化而变化。即使新生儿也是如此。曾经有一对夫妻找我咨询，同时把他们的孩子放在提篮里带来了。只要他们一谈到某个艰难的话题，孩子就会呕吐。而其他的时间里孩子虽然很平静，但非常警觉。

压力看起来很难控制，但如果能得到一些帮助，你就能学会如何在很难熬的境况中安抚自己的身体。怀孕就是你开始学习瑜伽放松法或者参加冥想课的好时机。跟着你喜欢的人学习是最容易的（你的镜像神经元会帮助你）。录音或者DVD是第二选择（书也有用，但你得非常有决心才能坚持下去）。

每一天，你都可以选择让自己面临多大的压力，选择让你的女儿看到什么，从你身上学到什么。你开车的方式就是个典型例子。如果你冲别的司机大喊大叫，骂他们开得太慢，开车时紧紧贴着他们，对他们做出过激的评论，或者焦虑地不停地拍打方向盘，你的女儿会看到这一切。有时候我们完全想不到孩子们会认为我们的驾驶方式是有多危险。我女儿告诉我她不想坐我的车。我开车并不快，甚至会过于放松。但是我总在最后一刻才变道，转弯的时候爱玩花样，喜欢依靠自己超炫的技巧将车倒进停车位。这些都把她吓得够呛。我必须改变一下驾驶方式，因为我真心希望她和我在一起时能有安全感。

第17章
女孩和妈妈

女孩会观察妈妈（和爸爸）对待他人的方式——他们是否对人友善，是否乐于助人，是否参与社区活动，是否会在高速路上停下来帮助一个看起来迷了路的绝望的人……

有了孩子就意味着为我们的情绪增加了一个检查员。他们常常会被我们无法解释的激烈情绪吓一大跳。我们需要克制自己的情绪，因为孩子太小太脆弱，而我们很容易忘记这一点。我们可以有情绪，也可以表达情绪，但不能让自己被情绪淹没。

不同的性别都有各自的危险因素——男孩是傲慢；而女孩呢，我们要小心，不要为她们树立一个自我牺牲的榜样。自我牺牲指的是过少考虑自己的需要。女孩们需要看到我们对自己的行为、自己的健康、自己的创意时间和自己的精神生活都投入适当的兴趣。否则，她们怎么可能学会这样做？

将榜样的力量最大化

有一个简单的方法可以将榜样作用最大化：解释你为什么这么做。女孩们在还不会说话的时候就在听我们讲话。通过解释我们的选择和行为，她们会获得一张内心的地图，了解人们行为方式背后的原因。人们行为不妥当的原因往往是没有思考，感情用事。而行为良好的人往往能总结出一些生活的指导原则，帮助自己做出选择。所以，把你的理由跟你的女儿分享，比如你是如何尝试了解他人的动机的："那个人开车开得太快了，但这也许是因为有什么紧急的事，或者他今天过得很糟糕。希望他没事吧。"

还有一件你要教给女儿的重要的事是：生活中有长期和短期的概念。当你只想着游泳或者玩电脑游戏时，做作业就成为一件很困难的事。但你最好还是完成它，这样就能真正放松了。到了初中，这个问题可以这样来解释：如果你想得到一个有意思、挣钱多、不必听别人使唤的工作，那么你得先获得从事这样的工作的资格。所以你需要在初中三年付出一些努力。

让你的孩子了解你的价值观，比如要照顾好自己，也要照顾好别人；要信守承诺；在多数境况中，稍微妥协就能解决问题；每个人的看法都重要；从长远来看，诚实很重要。听你说这些的时候，他们也许会表现得不以为然，但他们之后会逐渐采纳你的观点，或者当你不在场的时候会跟朋友分享这些观点。

所以，你需要问问自己，你赖以生存的核心信念是什么，并确保你的女儿也了解这些。

放手

如果一切顺利，母亲和女儿会成为一辈子的朋友。但是在她青少年阶段的末期，如果你希望她能够成长，能够做自己，你就要跟她保持一定的距离。她们的人生还需要其他的榜样。认识到这一点意味着我们不会过于黏着她们，或者把这种距离感看作是对自己的伤害。虽然不容易，但是我们的孩子的确需要空间。米琪·福斯，一位居住在澳大利亚新南威尔士北部的母亲讲述了她的故事：

我闺蜜的17岁女儿每周会到我们家来住一天。

那天早上，她要去学校了，我送她到门口，帮她把东西拿好，跟她吻别，祝她这天过得愉快。她用一种愉快和激动的语气说："你太好了！你送我到门口，帮我拿东西，还跟我吻别。我妈妈从不这么做。她只是从里屋喊一声'再见'，然后我就走了。我希望她也能跟我吻别。"

我回到屋里，女孩的一番话让我沉思了一会儿。事实是，我把朋友的女儿当成自己女儿的替身了。我也想把我16岁的女儿送到门口，与她吻别，真心实意地祝她过得愉快。但是，她讨厌这样。由此，我的总结是，对青春期的女孩来说，无论妈妈做什么，她们的需求总是相反的，比如任何她们没有或者得不到的东西。

第17章
女孩和妈妈

为什么会这样？从我看到的情况来说，这是一个自然的分离过程。我的女儿会认为我这样做是把她当小孩看。她会认为我觉得她没有能力自己出门，她也不想我吻她。过去我总这么做，她也始终欣然接受。但现在她不要了。她得发展和形成自我，不要她的妈妈（也就是我）做那些她小时候对她做的事。同时，对朋友的女儿来说，尽管我也是从她很小的时候就认识她，但我不是她的妈妈，所以她不需要，也不用与我"分离"。因此，她可以毫不纠结地享受我对她的关心和爱。

我把女孩对我说的话告诉了女孩的妈妈。她仍然不会在早上送女儿出门，跟她吻别。我敢打赌，若她这么做了，那么不出一星期，她女儿就会把她推开，说："别管我，你以为我多大啦？"

时间会说明一切……

家是一个避风港

我从那些杰出的父母身上学到了一些非常值得分享的东西：要学会观察你家里的整体气氛，也就是你作为父亲或母亲为家里每个人营造的情感环境。

外面的世界充满压力。学校过于庞大，置身其中往往会变得籍籍无名。学校生活过于匆忙，总是令人紧张。我们生活的城镇往往又脏又乱，周围满是冷漠的陌生人。有些孩子甚至会遭遇敌意和暴力。我们的生活中很难找到一个能跟大自然、跟微风、跟蓝天碧水安静相处的地方。正因为如此，我们尤其需要一个平静安全的家，特别是对女孩来说，她们会根据周围人的感觉来调整自己的感觉。

因此，如果家是一个平静安全的地方，会非常有帮助。这并不是说你们就不能在放学后看半个小时的搞笑电视节目，而是说要注意"度"——是平静还是嘈杂？你们会欢迎孩子们回家，给他们一些吃的喝的，鼓励他们放松，还是会匆匆忙忙提一大堆要求？

规律的有节奏的生活能帮助孩子平静下来，他们会知道什么时候该做什么，而不必随时保持高度警觉。此外，你还可以这样做：

- 在固定的时间一起吃饭。全家一起围坐在餐桌旁吃饭，不开电视，这种做法非常有好处（甚至有研究能证明这一点）。[57]
- 在固定的时间睡觉，并且留出准备睡觉的时间。可以做一些帮助进入睡眠状态的事，比如洗澡、讲睡前故事，或者睡前阅读。这样大家在睡觉前都有一段放松的时间。
- 睡前远离所有电子设备。手机应该放在卧室外充电，而不是塞在枕头下，让白天的各种麻烦在深夜还在打扰大家。
- 根据不同季节安排固定的活动。可以和亲戚一起团聚，也可以和社交圈里的朋友一起。
- 和亲戚朋友一起做一些类似看图猜字、家庭音乐会或者智力竞赛这样简单有趣的活动，让老老少少都能得到快乐。
- 好好庆祝生日。不需要过多花费，但是要付出很多时间和关注，努力准备一些孩子能真正记住的活动和礼物。
- 让女儿有一对一的时间只和爸爸一起，或者和妈妈一起。找个周末，就你们两个一起出去，单独做饭、聊天，或者住在外面，没有其他人打扰。这样孩子能真切地感受到你百分之百的关心，并且把这段经历永久保留。
- 让女儿看望最喜欢的祖父母或者阿姨，可以在他们家里过夜。同样，这也是一个可以一对一相处的机会。
- 节假日让全家人都开心、放松。不要选择昂贵的度假地，比如某些无聊的成年人搞的什么儿童俱乐部。在那样的地方，父母像上班时一样，还是得不到任何跟孩子亲密玩耍的机会。节假日通常会成为孩子们的特别记忆，因为他们能够看到爸爸妈妈真正地放松、开心，并且喜欢和自己在一起。

● 对不需要的衣物、书籍和玩具进行一年一次的大清理。可以选择在新学期开始之前这样做，让孩子的房间多一些空间，显得干净，像新的一样，还可以把不需要的东西捐赠给需要的人。

类似的主意还有很多，我希望上面提供的一些信息能帮助你发挥自己的想象力。

做妈妈的过程本身就带有一些无法回避的哀伤。你孩子的目标是走向外面的世界，你把她养育得越出色，她就走得越远。但是，不考虑实际的距离，得到爱的滋养的孩子越成熟，就会与他们的妈妈越亲密。你在他们心目中的位置永远不会改变。

父母课堂

一部很棒的关于母亲的电影

你也许听说过一部名叫《西班牙女佣》（*Spanglish*）的电影，主演是亚当·桑德勒和帕兹·维嘉。这部电影常被当作是喜剧而被人忽略，其实它讲的是一对墨西哥母女与一个富有的美国家庭一起生活的故事，这是一个非常有意义的关于如何给女孩当妈妈的故事。两种不同的文化和价值观尖锐地碰撞，一方用占有、用时髦的东西和购物来表达爱，给所有人都造成了巨大的压力；而另一方则认为最重要的是忠诚、努力和真实面对自己的内心。在电影

> 开头，美国妈妈给女儿买了小一号的新衣服，以激励她减肥。女孩看到衣服的激动转为巨大的失望的场景很值得我们思考。
>
> 墨西哥女孩和美国女孩的挣扎与成长非常感人。不同文化中女孩成长情况的对比也很有启发意义。影片用了墨西哥女孩的一段话结尾，让人非常难忘。多年以后，女孩回望自己的童年。她当时正在填写大学的入学申请表格，表格上的一个问题是："你是谁？"她说："如果我被这所大学接收，我会非常激动，但这并不能决定我是谁。我对自己的认知是愉快和充满力量的，它来自这样一个简单的事实——我是我妈妈的女儿。"
>
> 想象一下，当你的女儿成长为一个女人，成熟、独立、强大，她是否也会给出同样的答案？养育一个这样的女儿需要怎么做？为了养育一个这样的女儿，是否值得投入很多的时间和关爱？养育一个这样的女儿，难道不是一件妙不可言的事？

本章小结

- 无论好坏，妈妈都是女儿生命中最有影响力的角色。这是因为你为她树立了一个非常强有力的女性榜样。
- 了解到这一点会让你重新审视自己做的很多事情。
- 最重要的是你如何为她示范和他人相处的方式，包括孩子的爸爸。你如何开车，如何议论他人——你做的每件事都会成为她的一部分。
- 你在家里和生活中营造了怎样的气氛，是否给人带来压力，这非常重要。通过释放自己的压力，你也能帮助女儿释放她的压力。
- 放手是帮助她成长的一部分。到了 16 岁，她可能有时不想让你陪她。当然，这并不意味着你说了不算。
- 对你的女儿做正确的事，深入地了解她。这会成为你们俩一生的快乐。

第18章 Raising Girls
女孩和爸爸

爸爸和他小小的女儿在高高的台阶上面停住。她向下盯着长长的台阶，微微皱了皱眉。然后，她伸手去抓他的手。爸爸的手就在那里，她紧紧握住。现在，她大胆地下了第一级台阶，然后再下一级，他也步步相随。她一边往下走，一边自顾自唱起歌来。他也感到很快乐。

对于年幼的女儿来说，爸爸就像是有魔力的人。他常常要去奇怪的地方，然后每天都会回来。他说话的声音嗡嗡的，又低沉又响亮。他的气味闻着很有趣，但通常不难闻。他往往代表着有趣、打破常规。如果做得对的话，他会让妈妈微笑。无论多大年纪，女孩都希望能深深地爱她们的爸爸，也希望爸爸爱她们。

最近几十年来，我们已经注意到了爸爸的价值和重要性。（在20世纪70年代，如果妈妈去世，没有其他家人，那么孩子就会自动被送到孤儿院，爸爸完全得不到养育孩子的机会。对于成千上万的爸爸和他们的孩子来说，这是令人心碎的双重伤痛。）

今天，我们知道爸爸有和妈妈同样的感受，他们能和妈妈一样照顾孩子，他们对孩子的作用和妈妈同等重要。如果爸爸妈妈能合作，那简直就是黄金搭档。很多研究都发现，如果爸爸比较投入，那么女儿通常都会表现出

第18章
女孩和爸爸

更多的自信,学习成绩更好,并且较少出现在少女时期怀孕、酗酒或者吸毒这样的问题。

随着这种信息的传播,爸爸们开始参与养育孩子。现在,年轻的爸爸会比上一代爸爸多花三倍的时间陪伴孩子,和他们聊天、玩耍并且教育他们。[58] 这是一个巨大的改变。

以下就是爸爸对女儿来说重要的地方。

他强壮而且给人安全感

从很小的时候开始,孩子就会对爸爸做出判断——他会为我提供保护并带来安全感,还是会给我造成危险和威胁?安全感和信任是女儿从一个和善的好爸爸身上得到的最核心的感受。我们这些成年人必须常常提醒自己,对于孩子来说,我们就像巨人一样,高高站立在天地之间。我现在认为,一位父亲需要默默地对自己、对他的孩子做一个承诺:"我永远不会打你或伤害你。我会努力,永远不会吓唬你。"而每个孩子都能够说:"我和爸爸在一起总是觉得安全。"

要做到这一点,就像学会用温柔的声音说话一样简单。女孩的听觉比男孩更敏锐。当你觉得你只是在用坚定的语气说话时,她们往往会认为你在大喊大叫。(在我的孩子们还小的时候,我的妻子莎南会告诉我,我的声音太大了,而我往往意识不到。在超市里,我的大嗓门令人尴尬。但更糟糕的是,当我觉得我是在表达同情时,我的声音听起来却很吓人。这可不是我想树立的爸爸的形象。)

我们身体的力量应该被用在好的方面。

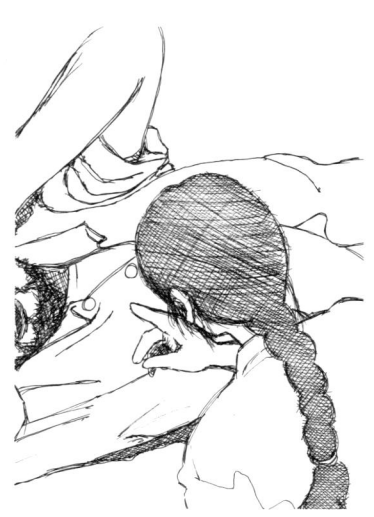

这种力量，就像是一匹骏马或者一只强壮的狗，对小女孩有很大的吸引力。爸爸可以坐在地板上跟女儿玩耍，当大马让她们骑；做一头怪兽，发出巨大的声响与她们扭打，然后挣扎着被打败；给女儿安全感，同时又带给她巨大的兴奋感。这就好像她们借了我们的力量，然后转化成为自己的。

这样的欢乐时光是一种早期的时间投入，能让女儿在成长过程中喜欢冒险，愿意与我们一起参与各种活动。看到一个女孩和她的爸爸一起钓鱼、冲浪，或者在有风的周日下午一起散步，这样的场景不仅触动人心灵，也预示着她将拥有美好的一生。

他愿意参与

在小女孩出生时，大部分的新手爸爸都体验过巨大的惊喜，立刻有了责任感和保护欲。但问题是：爸爸们会一直那么投入吗？在过去，因为对自身角色的困惑，因为对爸爸这个身份感到尴尬，因为太忙了，或者最糟糕的是，因为完全没有兴趣，许多20世纪的爸爸没能回答这个问题，结果在女儿的一生留下了深深的伤痕。而女儿们报复的方式就是在青春期行为不当、粗鲁叛逆，最糟糕的是，让轻浮的男孩子、酒精、毒品和飙车来"糟蹋"自己。

得不到爸爸的爱的女孩也不会爱自己。妈妈可以有所弥补，但不能全盘替代。这也是工业时代的悲剧——爸爸工作时间太长，回到家已经筋疲力尽。正如妈妈会因为婚姻破裂而自责，孩子也会因为跟爸爸的关系不好而责备自己。女儿会得出这样的结论：如果爸爸太忙了没有时间陪我，一定是因为我太无趣，不值得他在我身上花时间。

当我对父母们谈起爸爸的作用，我总会在某个瞬间看到听众席上有女性默默地坐着，边听边流泪。她们有的是为自己没能得到的东西感到哀伤，有的则想起了自己曾经得到的爱。爸爸和女儿的关系是一种紧密的、能改变一生的关系。

> **成长记事本**
>
> ## 悲伤的无视
>
> 我有一个朋友,他几乎每个周六早晨都会和他青春期的女儿一起出门。他们会找个地方坐着聊聊天,因为这一周的多数时间他都太忙了,很晚才回家。有一天,他们看到一个她在学校认识的女孩,和她的爸爸一起从旁边走过。他们互相打了招呼,但是某种直觉让他们没有邀请那对父女加入他们,而且,他们也觉得独处的时光很珍贵,不想被打扰。那对父女离开后,我的朋友评论说:"真好,他们在和我们做一样的事。"但他女儿不太确定。她解释说:"姬玛的父母刚离婚,她周末必须跟爸爸过。"
>
> 之后,他们走过一条街,看见那个女孩和她的爸爸一起坐在咖啡店里,但他们没有说话。他将一本杂志高举在自己面前,像一堵墙。而他的女儿啜着咖啡,脸上的表情仿佛在说她真想离他远点。这场景看起来真让人难过。

爸爸让女儿学会与男性相处

对女孩来说,爸爸是从"男性星球"来的私人使者。他会教她应该对男性抱有怎样的期待。女孩可以在爸爸身上练习开玩笑、争执以及探讨一些深入的话题,而这些技巧可以在未来帮助她与男孩子建立友谊。她会更加自信,不会轻易被操纵。如果她的爸爸很尊重她,那么自己在生活中遇到男性时,她就不会接受不被尊重的状况。

心理学家发现父亲和母亲对女孩的影响是互补的。[59] 简单来说，妈妈让女孩安心，爸爸则给她们自信。妈妈像岩石一样给女儿稳定和坚实的支持，而爸爸像直升机一样将女儿带到新的高度。如果一个女孩知道爸爸关注她，会询问她对事物的看法（而且不会问完之后又跟她们争辩或者打击她们），她就会感觉自己充满智慧、有价值。如果他周末带她到家居市场买喷胶枪，在回家路上停下来给她买热巧克力或者冰激凌，那么她一定会认为自己很有用。"他喜欢我的陪伴！"她会注意到他并不是在打发她，她不是他需要从任务清单上划掉的一个项目，和她在一起就是他想要的。

行动最有说服力。有些爸爸（他们也许觉得自己是好爸爸）很少跟女儿说话，他们仅仅是住在同一个屋檐下而已。至少他们的女儿是这么认为的。另一些父亲则尽职尽责，努力成为好父亲。他们会每天询问女儿的情况，花时间倾听，甚至会安排一些和女儿一起完成的固定的活动，比如一起遛狗，创造交谈的机会。他们希望了解女儿每天的生活。他们倾听女儿谈论她的朋友、她的计划、她喜欢和不喜欢的事。有时候，这也能成为一种固定的话题：今天发生的最糟糕的事是什么？最好的事是什么？

如何避免与青春期的女儿发生"战争"？

她们聪明机智，她们说话飞快，她们容易受到惊吓，她们和你住在一起。青春期的女孩很容易跟爸爸对着干——怎么做都不对——除非爸爸能了解其中的秘密。

下面是你需要知道的：

1. 你的女儿爱你——在过去的十几年中，是你始终在她身边，温和地对待她，保证她的安全，让她的生活充满活力。假如你去世，她会非常悲伤，会永远怀念你。

2. 但是同时，她也觉得你很招人烦。这是因为你总忍不住批评她，挑她的错，还总是选择在最不适当的时机这么做。

我们通过上百次家庭治疗和咨询试图找到青春期女孩惹麻烦的原因，结果都一样——爸爸指责女儿，引发冲突。而且，爸爸不能接受女儿有不同的观点。女儿想成为自己，并且对爸爸试图控制她的行为非常敏感。所以，若你情绪失控，她就会加倍地失控，事态就变得一团糟。女儿需要被温柔地对待。

如果你的女儿为此给你写封信，她会这样说：

成长记事本

亲爱的爸爸：

　　我已经进入青春期了。这非常不容易。我的情绪就像英国的天气一样阴郁。生活压力重重，学校的压力，男孩子不喜欢我的长相，世界一团糟，我讨厌我的发型。

　　我需要好好放松——从学校回家后可以看看电视，在家里可以保持迷迷糊糊的状态。如果你还要批评我，这可能就是压垮骆驼的最后一根稻草。我会朝你大喊大叫，或者疯狂地冲回自己的房间。但这不是我的错，这是因为我大脑的前额皮质需要重建，所以全部都被"拆除"了，这种重建要到我22岁的时候才能完成。在这个时期，我的大脑由杏仁体主管，它就只知道或战或逃。如果你把我吓坏了，我的反应就可能是或战或逃。

　　你认为我能驳倒你是因为我很聪明，其实是因为我丧失了人类最重要的一项能力——我无法看到其他人的观点，或者至少不是那么容易就能看到。因此我非常固执己见。事实上，我得了解许多不同的看法才能找到最适合的。也许我今天迷恋朋克，想在脸颊上穿洞，明天就会想到安哥拉去做志愿者。

你担心我的男朋友，你担心我会在性的问题上失控。我也一样啊！所以，我们是在同一战线上的。

你担心我不做作业。好吧，如果有人告诉你，你的人生就由几次考试主宰，如果忘了带笔，或者晚上出去玩，那么你的人生在17岁就结束了，你是什么感受？这足够把人吓傻了。

请不要指责我。我已经足够自责了，你还要那么做，只会让我崩溃。而如果我让你痛苦，我也很难过。请温和地跟我说话，了解我的生活。注意选择时机，我有时候很愿意谈谈，有时候却没有心思。如果我想谈，你最好准备出足够的时间。要温和、幽默、有耐心。有一天我会走出这个阶段，到那时，我们会成为最好的朋友。

你的（可爱的）女儿

父母课堂

学会倾听

在和你的女儿交谈的时候，要准备好应对她的不满。如果你问她你做错了什么，她会告诉你。不要试图替自己辩解。这是男人的做法，对女性或者女孩可不管用。更合适的方法是尝试从她对你说的事情中找到感情的元素。实际上，你可以问她是不是难过（你又要离开了），生气（你说话不算数），或者害怕（你开车开得太快了）。

第18章
女孩和爸爸

　　然后你要调整自己的行为。你可以先猜测，然后问女儿你是否猜对了她的心思。就算你已经是一个完美无缺的老爸，也要尝试做一些重大的改变，承认你可以改变自己来适应她。因为（在她看来）她那么弱小而你那么强大，如果你能改变自己的行为，或者做她要求的事，那么她就能确定自己的感受得到了重视，会很开心。

　　我女儿青春期的时候，不止一次，在我们痛苦的争执中，她清晰诚恳的表达令我十分惊讶，她居然能理智地说出我的错误！那一刻，我既想吵赢她，又为她吵得那么好而骄傲。

　　你若说真心话，那么她也会愿意诚恳地交流。男人犯的最大的错误就是在冲突时爱用"你如何如何"的句式。你太懒，你不帮忙做家务，你真笨，你不能穿那条裙子出去。其实"我如何如何"的句子更好用。因为这样的说法能让人看到你脆弱的一面。"你没有在说好的时间回家，我又害怕又担心。我得知道我能信任你。"如果是以"我"而不是"你"开头，这样的说法就不会有攻击性。这样就让她也能够表达关心而不是忙着防御。即便是"我很生气，因为厨房乱成一团，我还得收拾"这样的说法也比"你把厨房搞得一团糟"要好。

父母课堂

尊重很重要

有时候孩子们从电视上学到、在学校看到人们粗鲁的交谈方式,还有你的行为示范,让他们觉得这些都是正常的,没什么大不了。(在澳大利亚,我看过一部来自英国的情景剧叫《我的一家》,它令我非常震惊——这简直就是一家子脾气很坏的人,彼此总是恶语相向。如果是在现实中有人生活在这样的家庭里,他很可能早都自杀了。)讥讽和贬低会腐蚀所有人的幸福感和价值感。如果全家人能讨论下这个话题就再好不过了,大家应该达成共识:谁都不能不尊重他人,无论是父母对孩子,还是孩子对父母,或者是孩子们之间。

同样重要的共识是:大家要分担家务。做饭、清洁、洗衣服、整理花园和照顾宠物都是所有人共同的责任,要分担才公平。同时要确保你提供的服务——开车送她去上学,为她提供的种种帮助——虽然是你很乐意做的,但并不会被当作是理所当然的事。如果是,这些服务就该停止了。

犯错是难免的,但是你会停下来,指出错误,然后逐渐让家成为一个令人感到快乐的地方。粗鲁无礼总会造成伤害,如果成为常态,就总会有人受伤。身体力行表达的含义是:爱是靠行动,而不只是语言。孩子们需要明白这一点。

**第18章
女孩和爸爸**

> **父母课堂**
>
> ## 不要让女儿有"公主病"
>
> 有些爸爸会犯一个很糟糕的错误，尤其是那些有钱却没时间的爸爸——那就是待他们的女儿像公主一样。他给她买昂贵的礼物，让她不需要任何付出就能得到很多钱。她从来不需要帮助家人做任何事，总是饭来张口，衣来伸手。这种状况会导致一个有趣的结果——一个有成熟女性的身体和两岁女孩内心的女儿。超级自恋对女孩来说是一种可怕的命运。乱发脾气、总是索求、大喊大叫和破坏一切是这种情况的明显表现。而治疗的方法就是温和但坚定地设定底线，同时要求她做好自己分内的事。要确保你的伴侣和你在同一战线上，你们可以制订一个计划，或者，有需要的话可以请求家庭治疗师的帮助。这很重要，因为如果父母不帮助女儿回到现实，她的"公主病"就会让她以非常痛苦的方式遭受现实的打击。

> **父母课堂**
>
> ## 一对一相处的魔力
>
> 对于做爸爸，我有一个重要的提示。虽然你可以和所有孩子一起共度快乐时光，但要建立真正亲密的关系，你需要和你的孩子有一对一相处的机会。所以你要安排某个周末和某一个孩子单独出去。你们可以去露营，可以住在郊外的小木屋里，一起做饭、打扫、聊天、睡觉。然后你会发现你们加深了对彼此的了解。和每个孩子都单独做同样或者不同的事，这样他们就能够体会到快乐，拥有与你在一起的美好回忆。

父母课堂

一定要排除性的影响

父女关系中也有黑暗面。有极少数父亲和继父会通过侵犯女儿来获得性满足，可能是有性意味的触摸，也可能是强奸。

问题并不在于男性会感受到来自他们的女儿或者任何女孩子的吸引力（无论是实际的行为，还是通过看儿童色情片来刺激想象，都是非常错误的），问题在于有些男性心理极其变态和自私，无法为自己的行为划清界限。他们模糊了界限，或者干脆越界。这始终是错误的、有害的，而且，毋庸置疑，这是一种犯罪。

更普遍、有可能影响更多家庭的问题是：因为意识到了性侵犯的可能性，爸爸就从青春期女儿的生活中退出了，不再拥抱她们，不再陪伴她们，或者仅仅因为她们开始变得越来越漂亮和有魅力而对她们大发脾气。他们的女儿会因此得到一个她无法理解的、令她备受伤害的信号："他不喜欢我，他不再拥抱我，他和我在一起的时候总是很奇怪、很紧张。"女儿可能会因此责怪自己。她会猜想这与她长大和变成熟有关，于是想把自己再变回小女孩，让自己显得可爱和无助，而不是成熟和自信。

一个头脑清醒的爸爸，一个知道如何控制自己的感受的爸爸，一个与妻子关系亲密、与女儿和谐相处的爸爸，应该能肯定女儿的美丽和智慧，而不是让她或者自己感觉别扭。

实际的建议

从女儿小时候开始

从女儿的婴幼儿时期开始就要多拥抱她,抱着她转来转去,和她在地板上玩骑大马的游戏,这能让她看到你是多么开心和有趣。但要温柔,注意观察她的表情,确保没有吓着她。

从她两三岁开始,在睡觉前给她讲故事,这样做能让你的妻子休息片刻,也能让父女之间拥有美好的亲密时光。

从孩子小时候开始做一个亲力亲为的爸爸,这样随着她长大,与她保持和发展亲密关系就很容易了。

发现共同兴趣

在她小的时候给她读故事或者编故事,找到你们都喜欢的书或者故事里的人物。收拾花草时也给她一个小喷壶。在工具房里一起做东西,一起出去玩或者看电影。开展一些长期的活动——"爸爸和我总是这样做……",你们逐渐会找到在树林里散步或者钓鱼这样的共同爱好。寻找你们的共同点,这样你们将收获许多愉快的时光和美好的记忆。

多多倾听

女孩喜欢诉说,所以爸爸得学会倾听。询问她心中的想法,她的梦想和人生的愿望。认真对待她。了解她一周中遇到的最好的事和最糟的事。当她跟你分享自己的秘密时，别到处乱传（或许可以告诉她的妈妈）。你的女儿需要知道她可以信任你。

给她写纸条或写信

当你外出或者忙于工作，可以给她写纸条或者发邮件。她的生日就是个很好的机会，你可以写张卡片，告诉她你对她的感受，以及你多么为她骄傲。可以用过去这一年中的许多例子来证明这一点。

树立一个绝佳的男性榜样

有她在的时候，你要保持干净整洁、气息宜人、穿着得体。不要骂人，不要说黄色笑话。女儿非常敏感，即使她们有时举止粗鲁，但她们绝不喜欢自己的爸爸这样做。你让女儿看到的你对待女性的方式会在将来极大地影响她对男性的看法。所以，当你和她、她的妈妈以及其他女性朋友和亲戚在一起时，要表现出你最好的状态。只要表现出礼貌和善意就能帮助她为今后出现在她生命中的男性确定一个高标准。

第18章
女孩和爸爸

父母课堂

如果你是单身妈妈

正在阅读这个章节的你很有可能是一位单身妈妈。你会因为女儿没有爸爸或者爸爸与她联系很少而难过。我采访过上百位单身妈妈以及单身妈妈的女儿,以下是她们告诉我的解决这个问题的一些方法:

1. 让你真正信任的男性进入女儿的生活,陪伴她、教导她。祖父和叔叔们可能会表现得非常谨慎,尤其是当女孩已经进入青春期,但如果你要求他们帮忙,你的女儿就能从中获益。他们能教她很多事,陪她聊天,和她一起开怀大笑,参与她生活中的各种事。(不要让她单独与成年男性在一起,你要陪在附近,这样大家都会感到安全并容易放松下来。)男人总是需要你告诉他该怎么做,这跟他们的基因有关。但一旦你要求了,他们就能做得很好。

2. 你自己也会起到很大的示范作用。如果你表现出对男性的愤怒和失望,那么你的女儿就会觉得很矛盾,她要么也表现出同样的感受,要么就走向另一个极端,表现出对男性的疯狂。你如果曾被男性伤害,最重要的是寻求帮助。你与男性相处时要有力量、有尊严,同时不失热情,这样女儿就能看到你能与男性和睦相处。如果你在寻找伴侣,要慢慢来,要十分小心谨慎,并且一定要确定自己已经准备好了。做一个强大愉快的单身女性也是给女儿很好的示范,能让她学会在感情上保持独立。

Raising Girls

凯茜怎么样了？

还记得凯茜吗？我答应过要让你们知道她后来的状况。现在就来说说吧。当凯茜的父母在咨询室里听到女儿的故事，他们都流泪了。他们惊讶且痛苦地认识到自己和女儿的关系并未达到真正亲密的程度，他们并不像她需要的那样了解她的内心世界。接下来的几周，爸爸和妈妈都开始在咨询师的帮助下做出改变。这是一个经年积累的问题，因此最好小心处理，并且需要巨大的决心才能做出改变。

凯茜的妈妈做小生意，开了几家服装店，这些服装店从孩子们小时候开始就占据了她大部分的时间和精力。她觉得自己花在生意上的时间太多了——除了凯茜，她还有两个更小的孩子，也需要关心和照顾。她重新安排了自己的生活，目标很明确：当孩子们回家时，她必须在家。以此为基础，她将和孩子们建立更紧密的联系。对此，她并没有大声宣布或者过分渲染，只是静静改变，而且，她做得非常好。这样的调整彻底改变了整个家庭的氛围。

（讲这个故事的时候，我意识到你可能会问，为什么是妈妈牺牲了自己的事业？而我只能说，这是这个妈妈自己的选择。人生并不总是事事如意。）

凯茜的爸爸则始终心烦意乱，他需要从以往的思维模式中跳出来。但他也开始理解这事没有捷径，不是用权力就能解决的问题。他要做的是更困难的事。他逐渐痛苦地承认，自己曾经是个糟糕的爸爸。他也开始寻找一些办法，开始更多地倾听，更多地参与，并经常出现在孩子们的生活中。

这位爸爸经常出差。他要到昆士兰北部的凯恩斯工作，而那段时间凯茜刚好放假。他想也许她能跟自己一起去，他们可以一起去浮潜。他对凯茜说了这个主意，几乎肯定自己会被回绝，因为他认为女儿最不愿意做的事就是和他这样的老男人在一起。

令他惊讶的是她居然同意了，而且表现得十分热切。事实上，她很脆弱，一直在想：这是真的吗？他会不会又在最后一分钟取消呢？凯茜是在冒险，父女二人都很脆弱，承受不了他们相处失败的结果。现实中的关系就是这样，总让你的心高悬在空中。

旅行非常顺利。工作用了三天时间，凯茜因此可以在泳池边躺着，在街上游荡，逛逛商店，读读书。她也有机会看到爸爸的工作状况。她看到不是什么都一帆风顺，爸爸压力很大，需要处理很多事，花费巨大的精力。她意识到爸爸每天都是这样工作，以此挣钱养家。她同时也看到了爸爸的智慧和能力，看到爸爸总能把事情做好。这是她从不曾了解的爸爸的另一面。

工作结束后他们一起到道格拉斯港，去大堡礁，开始愉快的旅行。至少他们是这么打算的。但是，第一个晚上就出了点儿小事。一个小矛盾，凯茜都想不起是因为什么了，忽然之间像一个小火花引发了一场大火，他们激烈地争吵起来。（也许你也有过类似的经历，一件小事引发了"大爆炸"，由此导致的憎恨和伤害好几个月甚至好几年还依然存在。）

凯茜激烈地指责爸爸。都是些具体的事：四年级时她在音乐会上表演独唱，他答应来看，却没有出现；他有一次对妈妈大喊

大叫,把所有人都吓坏了。但她说得最多的还是他的缺席,他在家时的心不在焉,他宁愿躲在报纸后面也不肯陪孩子们玩。

戴夫,这位爸爸,第一反应是想拼命为自己辩护,为自己找理由,同时也找一些例子指责她的自私,指责她没有尽女儿的义务。但他竭力控制住了这种冲动,他深深呼吸,努力倾听。而且,他还要求女儿多说一些,说得细一些。凯茜就一直没停嘴。

她终于平静下来看到了他的脸,爸爸的脸上表情复杂,一半是悔恨,另一半是为她的勇气感到骄傲。她不是任性发脾气,她说的这些都是她的脆弱和痛苦。他为自己给女儿带来了那么多痛苦而深深愧疚。他脸上的表情比语言更有力,他们之间的紧张气氛开始慢慢缓和。

第二天,他们在色彩斑斓的珊瑚间游泳,海龟从身边经过,感觉非常美妙。他们跟其他游客聊天。时间过得非常快。父亲和女儿,尽管对彼此的关系还是有些犹豫不定并且小心翼翼,但在一起时也能开怀大笑,或者安静地共度一些甜蜜的时光,有时候不需要语言,也会感到愉快。

回到家后,凯茜的妈妈迫不及待地想知道他们旅行的情况。但她还是耐着性子等到了一个合适安静的私密时间。深夜,当她和戴夫躺在床上,她对他说:"戴夫,有件事我想让你知道,我想凯茜也不会介意我告诉你。我问她旅行怎么样,她说,那是她一生中最美好的6天。"

Raising
Girls
附言

如果你有个女儿，那你应该看看这部电影。（如果你的女儿已经超过 14 岁，那么她也会喜欢看的。）电影的名字叫《达格南制造》(*Made In Dagenham*)，它在这两年已经显得有点过时了，因为影片中丝毫没有暴力的痕迹，也没有安吉丽娜·朱莉。但是它非常扣人心弦，欢快并且令人难忘。

影片讲的是 20 世纪 60 年代的女性生活，它讲述了伦敦工厂的一群女工人如何站出来改变世界的故事。这个充满正能量的故事有安静而深入人心的力量，每次看都会让我热泪盈眶。一个很有意思的地方是：电影中最后最富有、最成功的女性就是受压迫最重的人。电影告诉我们自由只能自己争取，不会从天上掉下来。女性必须自己解放自己。我们同时还能看到，内心开放的男性会如何面对这样的事。

你的女儿应该知道，这样的故事也与她有关。早在她出生之前，就有人在为她的利益斗争，而她也要站出来。一百年前，女性没有投票权，不能离开暴力的丈夫，也不能与男性同工同酬。如今在阿富汗，1/6 的母亲因分娩而死亡。在巴布亚新几内亚的小城镇，每个周末，每家医院前都能看到因遭受暴力而流血的妇女排成长队。就在你所居住的城市，也有沦为性奴隶的女性或者儿童。需要做的事还有很多很多。

女性解放运动的领导者吉曼·基尔①在她的新书《完整的女性》(*The Whole Woman*)中说:"这个时代需要怒火,这个时代需要我们调动我们的爱和决心,为全世界所有的女儿们,扭转一切不公平。"

---

① 吉曼·基尔,澳大利亚作家及记者,被视为20世纪最重要的女性主义的发声人之一。——译者注

Raising
Girls
注释

大部分人不会读这个部分，但是我还是想要告诉你们我为什么选用了这些资料、资料的来源以及更多的背景。所以，以下内容也许值得你浏览。

1. 对年轻人的精神健康危机的概括参见：Eckersley, R. (2011),'Troubled Youth: An Island of Misery in a Sea of Happiness 和 the Tip of an Iceberg of Suffering?',*Intervention in Psychiatry*, 5 (Suppl. 1): 6-11, 还有：Henshaw, S., *The Triple Bind: Saving our Teenage Girls from Today's Pressures*,Ballantine, 2009。这些材料提供了全球不断上升的关于自杀率、暴力、精神疾病发病率、自残、酗酒和饮食障碍的令人震惊的数字。汉斯萧是加州大学伯克利分校的心理学教授。

2. 关于性别差异的研究非常多，并且在不同的时期被强调或者被忽视。推荐父母们阅读的关于女孩大脑特点的书，参见：Nagel, *M., It's a Girl Thing*, Hawker Brownlow, 2008。另外一本也不错，参见：Fine, C.,*Delusions of Gender*, Icon, 2010。它在不要过分强调性别差异方面做出了及时提示。这本书提醒我们，虽然性别差异的确存在，但是我们也需要让孩子们了解，性别的劣势和局限不是一定存在的。

3. 母亲与孩子间的关系在这本书中有深入探讨。参见：Manne,

A.,*Motherhood: How Should We Care for Our Children*?, Allen &Unwin, 2005。这本书值得任何一个愿意就如何在这个困难的时代做父母这个问题进行深入思考的人阅读,并从中获得鼓励和很好的影响。

想要了解更多关于"共同注意序列"的知识,参见:Carpenter, M., Nagell, K. et al.(1998),'Social Cognition, Joint Attention, and Communicative Competence from 9 to 15 Months of Age',*Monographs of the Society for Research in Child Development*,63(4), i+iii+v-vi+1-174。

4. 萨里曼一直致力于积极心理学的研究。参见:Seligman, M., *Helplessness: On Depression, Development and Death*, 1975。

让孩子哭,不去管他。这种做法让许多研究婴儿亲密感的人备感担忧。因为这种做法会伤害孩子和父母间的信任感。有很多很棒的书提供了更为温和的帮助孩子入睡的方法,参见:Sears, W., and Sears, M., *The Baby Sleep Book*, Little Brown, 2005. 还有澳大利亚本土出版的优秀的书籍,参见:Gethin, A., and Macgregor, B., *Helping Your Baby to Sleep*, Finch, 2012。

5. 参见:Fletcher,R., *The Dad Factor*, Finch, 2011。这本书对父亲和孩子的关系进行了非常好的总结。理查德是纽卡斯尔大学的家庭行动中心的带头人。他做了很多针对土著父亲、监狱中的父亲,以及患产后抑郁症的父母的前瞻性研究。

6. 参见:Paley, Vivian Gussin, *A Child's World: The Importance of Fantasy Play*, University of Chicago Press, 2005。这本书解释了孩子们的假想游戏有多么丰富、重要,并且有疗愈的功效,以及如何鼓励这种游戏。这本书被很多课程当成教科书。

参见:Degotardi, S. (ed.), *ECH13 Play and Inquiry in Early Childhood*, Macquarie University/Pearson,2011。这本书提供了对游戏领域研究的很好的观点。

7. Fivush, R., Brotman, M. A.,Buckner, J. P. and Goodman, S. H.(2000),

'Gender Differences in Parent-Child Emotion Narratives', *Sex Roles* 42(3-4): 233-253. doi: 10.1023/a:10007091207068.

8. 玛丽·安斯沃斯于20世纪50年代在乌干达的研究首次发现,母亲和婴儿间的互动模式是不存在国家和文化差异的。在与约翰·鲍尔比共同进行的研究中她发现了亲密感理论,为我们对儿童心理的理解奠定了基础。(当然,土著父母早在30万年前就明白了这个道理。)这只是她数百篇文章中的一篇。参见: Ainsworth, M. (1989), 'Attachments Beyond Infancy', *American Psychologist*, 44(4)April: 709-716。

9. 金的"佩恩信息"的内容包括:要为了孩子简化生活,要恢复孩子行为的节奏以及让孩子休息,这些都是这个世界急需的消息。参见: Payne, K. J., and Ross, L. M., *Simplicity Parenting*, Ballantine 2010。

很多权威人士的观点,包括要保护孩子,要放慢脚步以及要丰富童年的经历等,收录在这本书中。参见: House, R., (ed.), *Too Much Too Soon*, Hawthorn Press, 2011。

10. 关于如何善用"现实隔离"法的描述可以看看这两本书。参见: Biddulph, S. and S., *The Secret of Happy Children*。还有: Biddulph, S. and S., *More Secrets of Happy Children*, HarperCollins。

11. 换换口味也不错。这是来自新西兰的一张DVD,叫作《不可触碰的女孩:托普双胞胎的电影》(*Untouchable Girls: Topp Twins the Movie*)。

12. 参见: Gurian, M., *The Wonder of Girls*, Atria, 2002。这本书对人进行了很好的分类。书写得非常深刻而且发人深省。古瑞恩夫妇也是非常投入的父母,他们提供了关于女孩时代的各个方面的许多细致的帮助。不过这本书包含一些生物决定论的主张。这就像你的一些朋友,你爱他们却不完全赞同他们的观点,那么就求同存异吧。

13. 参见: Thompson, M., and Grace, C., *Best Friends, Worst Enemies: Understanding the Social Lives of Children*, Ballantine, 2001。这本书就像是致力于研究儿童发

展的心理学家佩内洛普·里奇站在这里为你讲述他关于儿童世界的知识一样。这本书的好处可以这样来总结："以我的经验来看，对为人父母的方法干扰最大的就是他或者她童年的糟糕记忆。"我说它非常有用，一点也不言过其实。

14. David, D. and Lyons, R. K. (2005), 'Differential Attachment Responses of Male and Female Infants to Frightening Maternal Behaviour: Tend and Befriend vs. Fight or Flight？', *Infant Mental Health Journal*, 21(1): 1-18。

15. 彼得的书充满了各种测试和调查问卷，以及各种研究等很多内容，帮助你和你的孩子发现和跟随他们的"火花"。参见：Benson,P., *Sparks: How Parents Can Ignite the Hidden Strengths of teenagers*, Jossey-Bass, 2008。

16. 激素存在于日常用品中，比如塑料制品、空气清新剂、超市的篮子等，非常让人担心。我引用了许多文献资料。

首先，这一切正在发生。参见：Euling, S., et al. (1 February 2008), 'Examination of US Puberty-Timing Data from 1940 to 1994 for Secular Trends: Panel Findings', *Pediatrics*, 121, Supplement 3: pp. S172-S191还有Golub, M. S., Collman, G. W., Foster, P. et al. (1 February 2008), 'Public Health Implications of Altered Puberty Timing', *Pediatrics*, 121, Supplement 3: pp. S218-S230。

其次，问题在于早熟的孩子面临很多风险，比如骨骼提早成熟，成年后身高较矮，过早显露性特征，容易遭受性侵犯以及出现一些心理问题。青春期时间的改变还带来了人们对之后患生殖系统癌症的担心。比如过早的初潮会增加患乳腺癌的风险。青春期时间的改变还有可能导致行为问题。比如早熟与青春期行为紊乱有密切的关系。青春期时间的改变也被认为是使用化学物质对生殖系统造成的不利影响。最近美国立法机构已经通过相关法案，改变化学物质的测试方法，保护孩子们的健康。

最后，双酚A和邻苯二甲酸酯对孩子的影响尤其明显，特别是在孕期接触这些化学物质时。

17. 参见：'Impact of Early Life Bisphenol A Exposure on Behaviour and

Executive Function in Children' Braun, J. M. et al., *Paediatrics Online*, 24 October 2011。

3岁左右孩子的行为问题与孕期接触双酚A（广泛运用于塑料制品，包括杯子、食物容器等）有关系，女孩尤其明显。出现抑郁问题的女孩人数的增长和孕期增加与双酚A的接触有关。

孕期尿液中双酚A浓度每增加10倍，焦虑情绪的测试分值就会有明显增加。这是哈佛大学公共卫生学院的乔·M. 布朗博士和他的同事们的研究结果。研究者们在儿科学在线网站上称，这种影响在女孩中很明显，男孩中却比较少见。

布朗和同事们之前还发现，2岁左右女孩的多动及攻击性行为与孕期接触双酚A有关。

18. 发表于《美国医学会杂志》的一项2008年的研究调查了1 455名美国成年人尿液中的双酚A含量，结果显示，含量越高的人，患心血管疾病和糖尿病的比例也越高。参见：Lang, I. A.,Galloway, T.S. et al. (17 September 2008),'Association of Urinary Bisphenol A Concentration with Medical Disorders and Laboratory Abnormalities in Adults', JAMA, 300(11): 1303-10. Epub 2008 16 September 2008。

那么，该怎么做？

之前的研究建议人们避免使用带塑料包装的食物，这样可以降低影响。布朗和他的同事们的研究也支持了这个建议。他们发现罐装汤需要特别注意。

美国食品和药物管理局的研究也发现，双酚A会通过罐头边缘的塑料物质渗透到食物中。2011年哈佛大学的研究发现经常食用罐头汤的人体内双酚A含量升高，并且不需要吃太多这样的食品就能导致双酚A含量升高。

19. 参见：Carwile, J, Luu, H, et al., 'Use of Polycarbonate Bottles and Urinary Bisphenol A Concentrations,' *Environmental Health Perspectives*, online 12

May 2009。

一项哈佛大学的研究支持了许多公共卫生专家一直以来的一个假说：相当多的有争议的化学物质通过含有双酚 A 的硬质塑料饮水瓶渗入人体。

若你对此还有疑问，这些资料可供参考。参见：Caserta, D., Maranghi. L., and Mantovani, A. (2008), 'Impact of Endocrine Disruptor Chemicals in Gynaecology', *Human Reproduction Update*, 14(1): 59-72; Sathyanarayana, S. (February 2008), 'Phthalates and Children's Health: Current Problems', *Pediatric and Adolescent Health Care*, 38:34-49; Vandenberg, L. N., Hauser, R., Marcus, M. et al. (2007), 'Human Exposure to Bisphenol A (BPA), *Reproductive Toxicology*, 24: 139-177; Austen, Ian (19 April 2008), 'Canada Takes Steps to Ban Most Plastic Baby Bottles', *New York Times*; Colon, I., Caro, D., Bourdony, C.J., Rosario, O. (2000), 'Identification of Phthalate Esters in the Serum of Young Puerto Rican Girls with Premature Breast Development', *Environ Health Perspect* 108: 895-900; Reddy, B. S., Rozati, R., Reddy, B. V., Raman, N. V. (May2006), 'Association of Phthalate Esters with Endometriosis in Indian Women', BJOG, 113(5): 515-20。

20. 这首诗摘自：Pallotta-Chiarolli, M., *When Our Children Come Out*, Finch, 2005。

21. Wolfson, Amy R., and Carskadon, Mary A. (2003), 'Understanding Adolescents' Sleep Patterns and School Performance: A Critical Appraisal', *Sleep Medicine Review*, 7(6): 491-506. Carskadon, M.A. (ed.). *Adolescent Sleep Patterns: Biological, Social, and Psychological Influences*, Cambridge University Press, Cambridge, 2002. Wolfson, Amy R., and Carskadon, Mary A. (1998), 'Sleep Schedules and Daytime Functioning in Adolescents', *Child Development*, 69: 875-887; JSTOR, 19 October 2005. Owens, J., Belon, K. and Moss, P. (2010), 'Impact of Delaying School Start Time on Adolescent Sleep, Mood, and

Behavior', Archives of *Pediatrics and Adolescent Medicine* 164(7): 608-614.

22. 这个部分摘自一篇名为《在黑暗中》(*Out of the Dark*)的文章,作者是一名记者,叫克里斯·约翰逊。参见:*Good Weekend magazine*, 19 May 2012。另一篇类似的,但是包含更多信息的文章刊登在《星期日塔斯马尼亚人》(*Sunday Tasmanian*)上。你还可以参考这篇文章:Adams, C. (4 April 2012), 'Missy Higgins' Secret Musical Crisis', *Herald Sun*。

23. 学生群体中,尤其是十二年级学生与多个伴侣发生性关系的比例有明显增长。第一次性行为的时间过早,性关系的格局以及不断增长的酒类消耗量等事实,可能是青少年对于性和自我认知的文化发生变化的弊端。在澳大利亚,初中学生喝酒的比例有明显增加,同时年轻人在酒精和毒品影响下发生性关系的比例也明显增加。参见:Agius, P. A., Pitts, M. K., et al. (2010), Australian Research Centre in Sex, Health and Society, 'Sexual Behavior and Related Knowledge Among a Representative Sample of Secondary School Students Between 1997 and 2008', *Australian and New Zealand Journal of Public Health*, 34(5):476-481。

24. 为我们的女儿而建立的社区与成人之间的联系在减少,对此现象最好也是最感人的描述来自玛丽·皮福的书。强烈推荐:Pipher, M., *Reviving Ophelia: Saving the Selves of Adolescent Girls*, Ballantine, 2002; Pipher, M., The Shelter of Each Other, Riverhead, 2008。

25. 参见:Large, M., *Set Free Childhood*, Hawthorn Press, 2003。这本书是对儿童与媒体关系的研究的绝佳总结。书中最精彩的部分探讨了过多的电子屏幕以及过于被动、过长的玩耍时间对大脑和成长发育的损害。这是一本针对父母的通俗读物。

26. 美国儿科学会建议2岁以下的孩子不应该看电视,2岁以上的孩子每天看屏幕的时间不应超过1~2小时。他们还具体指出:父母"不要把电视机、录像机、电子游戏机和电脑放在孩子的卧室。"

27. 这是本非常好的给父母的书，可以帮助他们找到与女儿谈论性的肯定而非否认的方法。参见：Tolman, D., Dilemmas of Desire: *Teenage Girls Talk About Sexuality*, Harvard University Press, 2005。

28. 澳大利亚国家反欺凌中心为学校、家长和孩子们提供了非常好的相关资源。

一些数据：澳大利亚的学校中，每 4 个学生中就有一个被欺负过，或者受到相关影响。青少年健康中心认为，被欺负过的学生表现出抑郁症状的可能性是普通学生的 3 倍。某些研究表明，被欺负过的学生有自杀念头的比例是普通学生的 9 倍。

根据英国的研究，在小学时被欺负过的女孩在长大后被欺负的可能性更大。更多英国的研究表明，经常被同龄人欺负的孩子在青春期早期更容易出现心理问题。

默多克儿童研究学院最近的一项研究表明，无论是传统的欺凌，还是网络欺凌，女孩都比男孩更容易成为受害者。

加拿大的研究表明，受欺负的孩子的最小年龄为 3 岁。

欺负别人的年轻人到 30 岁时有犯罪记录的可能性是普通孩子的 4 倍。欺凌在孩子们向儿童救助机构求救的最常见原因中排名第 4。

29. 同上。

30. 通过改变学校的文化和氛围来减少欺凌的一个很好的指导，参见：Cross, D., Thompson, S., Waters, S., Pearce, N., Thomas, L. (2012), *Friendly Schools Plus Evidence for Practice*, STEPS Professional Development, ISBN 978 1 021321。

31. 参见：Wiseman, R., *Queen Bees and Wannabes: Helping Your Daughter Survive Cliques, Gossip, Boyfriends and the New Realities of Girl World*, Three Rivers Press, 2009。

32. 这个想法来自麦琪的讲座：《我们女孩的身上发生了什么？》参见她

的书：Hamilton, M., *What's Happening to Our Girls*? Viking Penguin, 2009。还有一本给女孩的书，关于创造力的，能够为她们提供指导、建立关系网以及提供一些想法。书里的这些想法可以激发灵感并且夹杂着智慧的建议。参见：Hamilton, M., *Secret Girls' Business*, Penguin, 2012。

33. 凯特·哈德温的团队在 2012 年发布的调查结果。参见：Brady, N., 'Empathy Tactic Failson Worst Bullies', *The Age*, 19 August 2012。

34. Bacon, Linda, *Health At Every Size: The Surprising Truth About Your Weight*. BenBella Books, SanFrancisco, 2010.

35. Bacon, L. and Aphramor, L. (2011), 'Weight Science: Evaluating the Evidence for a Paradigm Shift', *Nutrition Journal Online*, 10:69. doi:10.1186/1475-2891-10-9.

36. Priya, S., Prendergast, L., Delbridge, E., Purcell, K., Shulkes, A., Kriketos, A., Proietto, J. (2011), 'Long-term Persistence of Hormonal Adaptations to Weight Loss', *New England Journal of Medicine*, 365: 1597-1604.

37. Neumark-Sztainer, D., Wall, M., Guo, J., Story, M., Haines, J., Eisenberg, M. (2006), 'Obesity, Disordered Eating, and Eating Disorders in a Longitudinal Study of Adolescents: How Do Dieters Fare 5 Years Later?' *J Am Diet Assoc.*, 106: 559-568.

38. Field, A., Austin, S., Taylor, C., Malspeis, S., Rosner, B., Rockett, H., Colditz, G. A., (2003) 'Relation Between Dieting and Weight Change among Preadolescents and Adolescents', *Paediatrics*, 112(4): 900-6.

39. Lumeng, J., Forrest, P., Appugliese, D., Kaciroti, N., Corwyn, R., Bradley, R. (2010), 'Weight Status as a Predictor of Being Bullied in Third through Sixth Grades', *Paediatrics*, 125(6), 1301-7.

40. O'Dea, J. (2005), 'Prevention of child obesity: "First, do no harm"', *Health Education Research*, 20(2): 259-265.

41. Turner, Lydia, (9 July 2010), 'Look Good by Doing Very Little', Australian Broadcasting Corporation, *The Drum*.

42. Treasure, J., Tchanturia, K., Schmidt, U. (2005), 'Developing a Model of the Treatment for Eating Disorders: Using Neuroscience Research to Examine the How Rather than the What of Change', *Counselling and Psychotherapy Research*, 5(3): 1-12.

43. 同上。

44. Bacon, Linda, *Health At Every Size: The Surprising Truth About Your Weight*, BenBella Books, 2010.

45. 同上。

46. National Eating Disorders Association, 'The Impact of Media Images on Body Image and Behaviours: A Summary of the Scientific Evidence' (press release).

47. Grabe, S., Ward, M., Hyde, J. (2008), 'The Role of the Media in Body Image Concerns Among Women: a Meta-analysis of Experimental and Correlational Studies', *Psychological Bulletin*, 134(3): 460-476.

48. 我非常感谢保罗·迪伦帮助我撰写这个章节，并且提供了很多数据和案例。

49. 参见：Dillon, P., *Teenagers, Alcohol and Drugs*, Allen & Unwin, 2009。这是一本非常出色、让人大开眼界的书，告诉我们哪些是真正该担心的，哪些不是。本书态度积极，容易阅读，讲了很多故事。如果我们想帮助我们的孩子，就得先了解他们的遭遇。

50. 公共健康活动家和研究者认为，酒类制造商、零售商和股东的获利是以对我们的孩子造成无法言说的伤害为代价的。这篇文章总结了广告对青少年饮酒的影响。对年轻人进行酒类产品的宣传应该被认为是违法的。

父母们应该尽量不让孩子受到酒类广告的影响，但是广告商也不遗余力地想接触到孩子们。新的研究发现，如果酒类广告刊载在年轻读者很多的杂志上，那么这类广告的内容违反行业规则的可能性就更大。

约翰霍普金斯大学布鲁博格公共卫生学院的年轻人与酒类广告中心（CAMY）做过一项研究。研究发现，刊载在青年读者占一定比例（超过15%）的杂志上的酒类广告往往会展示各种不负责任的饮酒方式。比如在水边喝酒，鼓励过量饮酒，并且传递支持酗酒的信息。更有甚者，1/5 的此类广告包含与性相关的信息。

至少有 14 项研究表明，年轻人接触酒类广告越多，他们开始喝酒的可能性就越大，或者，如果他们已经在喝酒，就会喝得更多。这份报告是对父母以及所有关心青少年健康的人敲响了警钟。

研究者查看了 1 261 个酒精饮料、啤酒和红酒的广告，它们在 11 种拥有相当数量的青少年读者的杂志上刊载了 2 500 次。他们根据不同的风险因素对这些广告进行了分析：有伤害的内容、过度饮用的内容、上瘾的内容、与性相关的内容以及违反行业规范的内容。最后这项指的是酒类行业贸易联合会发布的关于市场营销良好行为的自律法则。

CAMY 的研究认为，酒类产品应为每年 4 700 起 21 岁以下青少年的死亡事件负责，并且与导致年轻人死亡的三大罪魁祸首——摩托车事故、谋杀和自杀脱不了关系。

51. Lewis, S., Heath, N. et al., 'Helpful or Harmful? An Examination of Viewers' Responses to Non-suicidal Self-injury Videos on YouTube', *Journal of Adolescent Health*, online 4 April 2012.

52.《心理健康前沿》，第 11-2023 卷 | https:// doi.org/ 10.3389/ fpubh.2023.1167234

更普遍、更严重：中国青少年抑郁症状的性别差异

孙悦 1† 钟怡雯 1† 孙文超 1 褚凌君 1 姜龙 2,3★ 范希旺 1

https://www.frontiersin.org/articles/10.3389/fpubh.2023.1167234/full

53. 丹达，倪，《第六声》杂志，2023 年 5 月 25 日，中国的学生问题越来越严重了。

中国对学生焦虑症问题十分担忧

（2021 年，中国将减轻学生的学业压力作为首要任务。但校园焦虑症仍然是一个严重的问题，而且似乎正在影响更多低龄儿童。

https://www.sixthtone.com/news/1012956

54.《健康在线》（*Healthline*）的一篇精彩文章总结了海外研究关于"学生应该做多少家庭作业"的全球性建议。

55. 索菲的故事在我即将出版的新书《野性的心灵》（*Wild Creature Mind*）中有更详细的讲述，本文经玛塔·斯塔佩特（Marta Stapert）和埃里克·韦利弗特（Erik Verliefte）许可，摘自他们的《关注儿童》（*Focusing with Children*）一书。

56. Parker, K. (13 January 2011), A Portrait of Stepfamilies, Pew Research Center report.

57. 参见：Gibbs, N., 'The Magic of the Family Meal', Time Magazine, 4 June 2006。这篇文章提到：每晚和父母一起吃饭的孩子有出色的表现（当然，很可能不是晚餐本身的功效，而是这样的家庭晚餐表明这个家庭平静、有序和友好，而这些才是真正的魔力所在）。一起吃饭能产生催产素，这是一种能让人们互相喜爱的激素。研究发现，全家人有规律地一起进餐（至少是有规律的晚餐）也有好处，你可以尝试一个月，看看效果。

58. My turn. Bidduph, S., *The New Manhood*, Finch, 2010.

59. Greer, G., *The Whole Woman*, Anchor, 2000.

参与者和感谢

葆拉·乔伊是一个记者和时尚专栏作家。她曾经在《克利奥》(*Cleo*)杂志和《麦迪逊》(*Medison*)杂志当过编辑,现在是澳大利亚《品味生活》杂志的编辑,同时也是费尔法克思传媒的时尚专栏作者。

金姆·皮特曼是一位澳大利亚的创作歌手,她发行的唱片包括广受赞扬的《百万星辰酒店》(*Million Star Hotel*)。她创办了贝林根荒野青年剧院,将荒野旅行与剧院和音乐结合在一起,作为一个为年轻人举办庆典的独特的地方。金姆写作并教授大自然在年轻人健康成长的道路上的价值。

迈克·卡尔·格莱格博士是澳大利亚著名的心理学家和青春期心理健康方面的权威。他创立了为青少年癌症患者服务的全国机构——CanTeen。他也是墨尔本大学儿科系的副教授,还创办了全国反欺凌中心。迈克的著作包括《青春期求生》(*Surviving Adolescents*)(2005),《公主身泼妇脸综合征》(*The Princess Bitchface Syndrome*)(2006),《被连线的孩子》(*Real Wired Child*)(2007),《继父母家庭的生存》(*Surviving Step Families*)(2011),《12岁的挣扎》(*Surviving Year 12*)(2012)以及《什么时候应该真的担心》(*When to Really Worry*)(2010)。

莉迪亚·吉德·特纳是进食障碍及不健康减肥问题方面的心理治疗师。

此外，她还帮助那些受到过减肥手术、肥胖症、性侵犯、创伤以及各种与性相关的问题影响的人。作为减肥产业的坚定批判者，莉迪亚经常在各种国际性会议上提到自己是"与身体相关的教育及社会健康问题诊所"的宣传经理。

莎拉·马克马洪是一位专门治疗进食障碍的心理学家。她是位于澳大利亚悉尼的"身体问题诊断与咨询诊所"的经理。莎拉有超过10年为受进食障碍影响的人群提供咨询的经验，为支持包含进食障碍患者的社会团体和教育社团提供关于饮食心理的帮助，她还为公司、公立医院、非政府组织及私人机构提供帮助。

保罗·迪伦是澳大利亚最重要的毒品和酒精教育家。他的畅销书《青少年、酒精和毒品》（*Teenagers, Alcohol and Drugs*）于2009年上市。保罗为NSW警察机构写了针对毒品、酒精和暴力的教育手册，开办了联合国的全球青年训练研讨会，讨论年轻人中安非他命的使用。

玛琳达·唐卡德·瑞斯特是澳大利亚的女性活动家、媒体评论家以及妇女和女孩权益的倡导者。玛琳达的著作有《悲伤的话》（*Giving Sorrow Words*）（2000），《藐视出生：抗议用药物选择出生的女性》（*Defiant Birth: Women Who Resist Medical Eugenics*）（2006），《逐渐真实：挑战女孩的被性别化》（*Getting Real: Challenging the Sexuailsation of Girls*）（2009），并且参与编辑了《披露全球的色情产业的危害》（*Exposing the Harms of the Global Pornoghohy Industry*）（2011）。

麦琪·汉密尔顿是一位居住在新西兰的作家、社会学研究者和出版人，一直致力于对女孩日益恶化的精神健康状况奔走呼吁。她的著作包括《我们的女孩身上正在发生什么？》（*What's Happening to Our Girls?*）（2009）和《我们的男孩身上正在发生什么？》（*What's Happening to Our Boys?*）（2011）。她最新的针对女孩的书是《女孩的秘密事》《*Secret Girls Business*》（2012），一本制作非常精致漂亮的关于如何发展个性和创造力的指南，这样的内容是对当今社会上的竞争和求同状态的一种矫正。

参与者和感谢

《集体呐喊》是一本女性专业人士的合作作品，为针对女孩的性剥削发出呼吁。她们的友谊和灵感让这本书非常出色。

米琪·福斯是澳大利亚里斯莫尔的一位妈妈，也是心理治疗师。她的专长是完形心理学、家庭和夫妻咨询。

布鲁斯·罗宾森博士是《女孩们和父亲们》(*Daughters and Their Dads*)和《快车道来的爸爸》(*Fathering From the Fast Lane*)(2011)的作者。他是一位胸外科医生、医学教授以及超过150篇论文的作者。布鲁斯创立了澳大利亚西部大学的"父亲计划"，他还在全球巡回发表关于如何做父亲的演讲。这个项目有一张非常感人的DVD，名为"孩子真正需要从爸爸那里得到什么"，这张DVD对我做爸爸的方式有深刻的影响，也是鼓励父亲们的极好的资料。

我还想要感谢雷克斯·芬奇和萨曼莎·迈尔斯，感谢他们为这本书所做的一切细致的工作。感谢林克手稿服务中心的肖恩·多莉的耐心和智慧。

感谢伦敦的卡罗尔·唐金森、西蒙·格莱特和凯茜·迪科，巴西的马洛·哈尔非德、卢西恩·克劳森以及世界各地的所有的翻译、编辑，帮助这本书打印和印刷的人。我希望你们都能以这本书为傲。

特别感谢阿里森·霍华德、简·吉森和路易斯·米歇尔，他们细致入微的帮助有无法估量的价值，谢谢他们对手稿的反馈。这本书因他们而不同。

感谢Kids Free 2B Kids的茱丽·盖尔，感谢乔安娜、琳达·达尔顿、阿恩·鲁本森、卡罗琳·理查德、凯特·哈德温、伊斯特·肯尼迪、罗瑞斯·潘多尔芬尼、简·伯茨娜以及拉美什·马诺卡，感谢他们举办的精彩的研讨会。感谢阿里瑞娜·毕达夫对我研究的协助，她很有科学头脑，并且教会我在逆境中大笑。还要感谢克尔斯蒂·迈克乔治，是他第一个告诉我关于彼得·本森和他的"火花"理念。

感谢金姆·约翰·培恩，感谢多罗·马顿，感谢莎朗，感谢她告诉我如何去做。

感谢凯茜、玛瑞拉、吉纳维芙和她们的家人。你们真棒！

关于插图作者

Kimio Kubo 是一位在日本出生的年轻艺术家，他和家人一起住在贝林根 NSW 附近一个偏远的热带雨林社区。他的关于家庭的画作因对家庭生活敏感而有穿透力并且感人的描绘而受到好评。